明治大学商学部グローバル人材育成シリーズ ❸

これがSDGs

明治大学商学部 編

同文舘出版

はしがき

　本書は，明治大学商学部グローバル人材育成シリーズの第3巻です。2015年のSDGs（持続可能な開発目標）の公表を受け，世界中の様々な組織が，企業や大学を含めて，その達成に向けた取り組みを行うようになりました。明治大学商学部に所属する教員有志は，2017年に明治大学の研究ユニットとして，SDGs研究会を立ち上げ，2018年に，明治大学社会科学研究所の総合研究に申請し，3年間の研究助成を受けています。SDGs研究会のメンバーは，総合市場科学としての商学分野の研究者のみならず，環境科学，生命科学，地理学の研究者も参加しています。これは，SDGsの17の目標がより多様な内容を有するためです。

　序章では，SDGsについて概観し，第1章で，SDGsと商学教育と題して，大学がどのようにSDGsに取り組んでいるか，商学教育がどのようにSDGs達成に関わることができるかを確認しています。第2章では，CSR（企業の社会的責任）の観点からSDGs達成の面で信頼される会社をどのように評価できるかを確認しています。第3章において，SDGsの達成に強く求められるパートナーシップについて，様々な組織がどのようにSDGsと関わっているかについて，経営学の観点から確認しています。

　第4章では，個人も組織も，ESG（環境・社会・ガバナンス）を重視して行動することにより，SDGsに貢献できることを確認しています。第5章においては，SDGsの実現の観点から従業員の健康経営と情報開示を考察し，従業員の健康経営は，従業員の健康維持・増進を図るように経営を行うことであり，その結果，個人の福祉の向上をもたらし，企業の生産性を改善し，国の持続的な経済の成長を高め，SDGsの目標達成に貢献できることを確認しています。第6章は，SDGs実現のための業績評価と題して，SDGsの達成に資する適切な管理会計システムを設計するために，どのようにSDGsで掲げられた諸目標等を測定対象へと落とし込めるかについて確認しています。

第7章においては，地域づくりと教育の観点からSDGsの視点や関連する具体的な取り組みを確認し，地域資源の活用，教育の地域格差などの課題を指摘しています。第8章では，日本における離島の生活サステナビリティと湖沼の環境評価問題と題して，地域の議論においてどうしても見落とされがちであった離島や湖沼の問題を取り上げ，水域（海がマジョリティ）に囲まれた離島（マイノリティ）における居住・自然環境と，反対に陸地（マジョリティ）に囲まれた湖沼（マイノリティ）における自然環境のサステナビリティについて論じています。

　第9章は，食料問題への対応策として，大豆とフードテックの活用を中心に考察しています。飢餓を終わらせ，食料安全保障及び栄養改善を実現し，持続可能な農業を促進するために，畜産に代わって大豆の栽培を増やし，それをフードテックにより肉の代わりにできることを解説しています。第10章では，環境と開発を相反するものではなく共存し得るものとしてとらえられることを確認し，環境破壊や資源の乱開発は人の健康のみならず経済成長にも悪影響があり，経済成長は，技術革新などにより環境や生態圏の保全にも良い影響をもたらせるとしています。終章では，本書を通じて，読者の皆さんがSDGsのためにどのように貢献できるかについて課題を提示しています。

　SDGsを取り上げる他の書籍には，17の目標のそれぞれについて丁寧に解説するものがありますが，本書は，異なる専門分野の研究者がそれぞれの視点で，SDGsを考えるに当たって重要であると思うテーマについてまとめる形をとりました。研究分野によっては，SDGsに掲げられていることは当たり前のことであり，わざわざ「SDGs」という言葉をつけることは却って奇異に思われてしまうこともあるようです。そのため，章のタイトルについても，単純な統一はせず，担当者の意見を尊重しました。

　明治大学商学部には，本書で執筆された先生以外にも，SDGsに関わる研究をされている方がいます。明治大学商学部グローバル人材育成シリーズの次巻以降においても，引き続き，SDGsの問題を取り上げる予定です。

最後になりますが，厳しい出版事情にも関わらず，引き続きの出版を快諾いただいた同文舘出版の皆様，特に，専門書編集部の青柳裕之様，大関温子様には，編集・校正作業にご尽力いただきました。心より，御礼申し上げます。

　2021年7月21日

明治大学商学部長　出見世　信之

目次

はしがき　*i*

序章

SDGsを学ぶ

第1章

SDGsと商学教育

1 はじめに：SDGsと教育機関 ……………………………………………… *8*

2 SDGsと大学 …………………………………………………………………… *10*

3 SDGsと商学教育 …………………………………………………………… *14*

4 SDGsと新たな産学連携の可能性 ……………………………………… *16*

5 おわりに ………………………………………………………………………… *18*

第2章

SDGsからみた信頼される会社とは

1 はじめに ………………………………………………………………………… *22*

2 マクロのSDGs，ミクロのCSR ………………………………………… *22*

3 財務とCSRを統合評価した信頼される会社 ──── 24

4 信頼される会社評価の情報源としての『CSR企業総覧』──── 26

5 『会社四季報』を使って財務指標を理解する ──── 28

6 信頼される会社が目指すべきダイバーシティ経営 ──── 29

7 ESG投資の対象としての信頼される会社 ──── 30

8 CSRをグローバル連結で考える ──── 31

9 おわりに：ホワイト企業としての信頼される会社 ──── 33

第3章

SDGsと企業のパートナーシップ戦略

1 はじめに ──── 36

2 SDGsの戦略的側面：なぜ組織は今SDGsに注目するのか，すべきなのか ──── 36

3 SDGsを実現させるための手段としてのパートナーシップ ──── 40

4 SDGsの実現に向けての課題 ──── 42

5 おわりに ──── 43

第4章

SDGsとESG評価・投資

1 はじめに ──── 48

2 ESG評価，ESG投資とは ──── 48

3 SDGsとESGの関係 ·· *51*

4 ESG投資の有効性 ·· *53*

  4.1　ESG投資の手法　*54*

  4.2　ESG投資の規模　*55*

  4.3　GPIFによるESG投資　*56*

  4.4　ESG投資による収益率に対する実証分析　*59*

5 おわりに ·· *63*

第5章

SDGs実現のための従業員の健康経営と情報開示

1 はじめに ·· *68*

2 人的資本の要素としての健康資本 ·· *68*

  2.1　健康リスクと企業や国の経済的損失　*69*

  2.2　「経済価値」と「社会価値」を両立する健康経営　*71*

3 企業の健康経営によるSDGs目標の実現 ······························ *72*

4 健康経営の取り組み ··· *74*

5 健康経営の可視化と情報開示 ··· *76*

6 おわりに ·· *77*

第6章

SDGs実現のための業績評価

1 はじめに ·· *82*

2 SDGsの枠組み―目標7を例にして― ································· *82*

3 管理会計における業績評価 ………………………………………………… 84

   3.1 業績評価の必要性   *84*

   3.2 伝統的な業績評価システム   *88*

4 業績評価システムからSDGsの実現を考える ……………………… 92

5 おわりに ………………………………………………………………………… 95

第7章

SDGsと地域づくり・人づくり

1 はじめに：地域づくりとSDGs ………………………………………… 98

2 本章の課題とSDGsの視点 ……………………………………………… 100

   2.1 SDGsの目標とターゲットについて   *100*

   2.2 教育の課題とSDGs   *103*

   2.3 教育の地域格差   *104*

3 高校魅力化の取り組みの先進事例 ………………………………… 107

   3.1 高校魅力化の取り組み事例：島根県立隠岐島前高等学校の場合   *107*

   3.2 SDGsの観点からみた高校魅力化の意義   *111*

4 おわりに ………………………………………………………………………… 112

第8章

SDGsと離島・湖沼の環境問題
—生活のサステナビリティと環境評価—

1 はじめに ………………………………………………………………………… 118

2 「島」の概念的多様性と分類 ………………………………………… 119

3 日本の高人口密度離島における人口集積要因とSDGs ················· 121

4 日本における湖沼の水質評価指標と「高COD湖沼」の推移 ········· 124

5 日本の高COD湖沼に対する過小評価の可能性と多面的総合評価の必要性 ················· 127

6 おわりに ················· 129

第9章

食料問題への対応策
―大豆とフードテックの活用を中心に―

1 はじめに ················· 132

2 SDGsの目標2と目標3 ················· 133

3 現在の食料をめぐる様々な問題 ················· 133

4 牛肉生産をやめると仮定して試算 ················· 135

5 嗜好と栄養の問題 ················· 137

6 「SDGs調理科学」 ················· 138

  6.1 優れた食材としての大豆の活用　138

  6.2 持続可能な農業につながる大豆の栽培　139

  6.3 実習授業で新メニューの研究開発　139

7 フードテックとは何か ················· 140

  7.1 培養肉　140

  7.2 植物肉　141

8 消費者のパラダイムシフトを刺激する言葉と考え方 ················· 143

  8.1 ゆるベジ　143

  8.2 新しいガストロノミーからエシカル消費へ　144

9 認証制度と肉の消費量を減らす取り組み ················· 144

10 おわりに ‥‥‥‥‥‥‥‥‥‥‥‥‥‥‥‥‥‥‥‥‥‥‥‥‥‥‥‥‥‥‥‥‥ *145*

第10章

SDGsと環境問題

1 はじめに ‥‥‥‥‥‥‥‥‥‥‥‥‥‥‥‥‥‥‥‥‥‥‥‥‥‥‥‥‥‥‥‥‥ *148*

2 SDGs誕生の背景 ‥‥‥‥‥‥‥‥‥‥‥‥‥‥‥‥‥‥‥‥‥‥‥‥‥‥‥‥ *148*

2.1　SDGsのSDとは何か？　　*148*

2.2　なぜ「持続可能な開発」が世界的課題となったのか？　　*150*

2.3　「人新世（Anthropocene　アントロポセン）」の到来という認識の広まり　　*153*

2.4　プラネタリー・バウンダリー　　*155*

2.5　SDGsのウエディングケーキモデル　　*156*

3 SDGs誕生の経緯 ‥‥‥‥‥‥‥‥‥‥‥‥‥‥‥‥‥‥‥‥‥‥‥‥‥‥‥ *157*

3.1　なぜこれほど網羅的なのか　　*157*

3.2　MDGsの成果とNo one will be left behind　　*159*

3.3　MDGsからSDGsで何かが変わったか　　*159*

4 SDGsへの批判 ‥‥‥‥‥‥‥‥‥‥‥‥‥‥‥‥‥‥‥‥‥‥‥‥‥‥‥‥ *160*

5 おわりに：どんなものにも紐づけできるSDGs ‥‥‥‥‥‥‥‥‥‥‥ *161*

終章

SDGsの達成のためにできること

事項索引　　*171*

◎略語一覧

略語	英語表記	日本語
CEO	Chief Executive Officer	最高経営責任者
COD	Chemical Oxygen Demand	化学的酸素要求量
CSR	Corporate Social Responsibility	企業の社会的責任
CSV	Creating Shared Value	共通価値の創造
EBITDA	Earnings Before Interest, Taxes, Depreciation, and Amortization	利払い前, 税引き前, 減価償却前, その他償却前利益
ESD	Education for Sustainable Development	持続可能な開発のための教育
ESG投資	ESG (Environment, Social, Governance) Investmenting	環境・社会・ガバナンスの要素を考慮した投資
FAO	Food and Agriculture Organization	国際連合食糧農業機関
FASB	Financial Accounting Standards Board	財務会計基準審議会
GPIF	Government Pension Investment Fund	年金積立金管理運用独立行政法人
GRI	Global Reporting Initiative	グローバルレポーティングイニシアチブ
GSIA	Global Sustainable Investment Alliance	世界責任投資ネットワーク
IASB	International Accounting Standards Board	国際会計基準審議会
ICMA	International Capital Market Association	国際資本市場協会
ICT	Information and Communication Technology	情報通信技術
IFRS	International Financial Reporting Standards	国際財務報告基準
IIRC	International Integrated Reporting Council	国際統合報告評議会
JICA	Japan International Cooperation Agency	国際協力機構
MDGs	Millennium Development Goals	ミレニアム開発目標
ODA	Official Development Assistance	政府開発援助
ROA	Return On Assets	総資産利益率
ROE	Return On Equity	自己資本利益率
SaP	Strategy as Practice	実践としての戦略
SASB	Sustainability Accounting Standards Board	サステナビリティ会計基準審議会
SDGs	Sustainable Development Goals	持続可能な開発目標
UNEP	United Nations Environment Programme	国連環境計画
UNGC	United Nations Global Compact	国連グローバル・コンパクト
UNPRI	United Nations Principles for Responsible Investment	国連責任投資原則
UNPRME	United Nations Principles for Responsible Management Education	国連責任経営教育原則
WBSCD	World Business Council For Sustainable Development	持続可能な開発のための世界経済人会議

序章

SDGsを学ぶ

本章とSDGsとの関わり

本章では，SDGsの概要について確認する。

SDGs（Sustainable Development Goals：持続可能な開発目標）は，2001年に策定されたMDGs（Millennium Development Goals：ミレニアム開発目標）の後継として策定されたものである。MDGsは，2000年にニューヨークで開催された国連ミレニアム・サミットで採択された国連ミレニアム宣言を基にまとめられた開発分野における国際社会共通の目標である。MDGsは，2015年までに達成すべき8つの目標として以下のものを掲げ，達成期限となる2015年までに，目標1や目標6などを達成した一方で，目標4や目標5などにおいては達成が遅れているとされた。

目標1：極度の貧困と飢餓の撲滅
目標2：初等教育の完全普及の達成
目標3：ジェンダー平等推進と女性の地位向上
目標4：乳幼児死亡率の削減
目標5：妊産婦の健康の改善
目標6：HIV／エイズ，マラリア，その他の疾病の蔓延の防止
目標7：環境の持続可能性確保
目標8：開発のためのグローバルなパートナーシップの推進

MDGsの達成の期限を迎え，国連サミットは，2015年9月に加盟国の全会一致で「持続可能な開発のための2030アジェンダ」を採択する。「持続可能な開発のための2030アジェンダ」は，2030年までに持続可能でよりよい世界を目指す国際目標である。SDGsは，その中で示された持続可能で多様性と包摂性のある社会を実現するための，以下のような17の国際目標であり，2030年を達成の期限としている。なお，SDGsの誕生の背景については，環境問題との関わりから第10章で詳述する。

目標 1：貧困をなくそう

目標 2：飢餓をゼロに

目標 3：すべての人に健康と福祉を

目標 4：質の高い教育をみんなに

目標 5：ジェンダー平等を実現しよう

目標 6：安全な水とトイレを世界中に

目標 7：エネルギーをみんなにそしてクリーンに

目標 8：働きがいも経済成長も

目標 9：産業と技術革新の基盤をつくろう

目標10：人や国の不平等をなくそう

目標11：住み続けられるまちづくりを

目標12：つくる責任つかう責任

目標13：気候変動に具体的な対策を

目標14：海の豊かさを守ろう

目標15：陸の豊かさも守ろう

目標16：平和と公正をすべての人に

目標17：パートナーシップで目標を達成しよう

　MDGsが，貧困，飢餓，健康，環境，開発に関係する主に途上国に関わる目標であったのに対し，SDGsは，普遍性，包摂性，参画型，統合性，透明性を原則としていることから，その範囲は広くなっている。普遍性というのは，途上国の問題に限定されるものではなく先進国にも関わる問題であるということであり，包摂性は「誰一人取り残さない」という理念を反映している。参画型は，SDGsの達成に関わるすべてのステークホルダーがその役割を果たすことであり，統合性は，単に開発の問題に取り組むことではなく，社会・経済・環境の問題に対して統合的に取り組むことである。透明性は，その取り組み状況を広く公開し，定期的に達成状況を確認できるようにする説明責任を履行することを意味している。

各目標の下には，それぞれターゲットとグローバル指標が示され，SDGsは，17の目標，169のターゲット，232のグローバル指標で構成される。例えば，目標1「貧困をなくそう」の下には，「2030年までに，現在1日1.25ドル未満で生活する人々と定義されている極度の貧困をあらゆる場所で終わらせる」「2030年までに，各国定義によるあらゆる次元の貧困状態にある，すべての年齢の男性，女性，子供の割合を半減させる」などのターゲットがあり，「国際的な貧困ラインを下回って生活している人口の割合（性別，年齢，雇用形態，地理的ロケーション（都市/地方）別）」「各国の貧困ラインを下回って生活している人口の割合（性別，年齢別）」「各国の定義に基づき，あらゆる次元で貧困ラインを下回って生活している男性，女性及び子供の割合（全年齢）」などの具体的なグローバル指標が示されている。

　SDGsは，途上国のみならず先進国にも関係することから，日本政府は，2016年5月に内閣総理大臣をSDGs推進本部長とするSDGs推進本部を内閣に設置し，2016年12月に「持続可能で強靱，そして誰一人取り残さない，経済，社会，環境の統合的向上が実現された未来への先駆者を目指す」ことをビジョンとする『SDGs実施指針』を策定したのである。SDGsは，すべてのステークホルダーがその達成に関与することを求めることから，日本政府は，2017年12月に『SDGsアクションプラン2018』を公表し，ジャパンSDGsアワードでSDGs達成に向けた取り組みを行っている企業・団体等を毎年表彰している。

　SDGsは，参画型であることから，SDGsを学ぶことは，SDGsの達成に関わる第一歩である。本書を通じて，自分がSDGsの達成に何ができるかを考えてみよう。

参考文献

　蟹江憲史（2020）『SDGs（持続可能な開発目標）』中央公論新社。

　南博，稲場雅紀（2020）『SDGs─危機の時代の羅針盤』岩波書店。

　松木喬（2019）『SDGs経営─"社会課題解決"が企業を成長させる』日刊工業新聞社。

村上芽，渡辺珠子（2019）『SDGs入門』日本経済新聞社。

外務省（2016）「SDG グローバル指標（SDG Indicators）」 https://www.mofa.go.jp/mofaj/gaiko/oda/sdgs/statistics/goal1.html（2021年3月20日最終アクセス）。

外務省国際協力局地球規模課題総括課（2020）「持続可能な開発目標（SDGs）達成に向けて日本が果たす役割」https://www.mofa.go.jp/mofaj/gaiko/oda/sdgs/pdf/sdgs_gaiyou_202009.pdf（2021年3月20日最終アクセス）。

第 **1** 章
SDGsと商学教育

本章とSDGsとの関わり

　本章では，SDGsの目標すべてに，大学，教育機関などが
関わることを確認する。

大学

1 はじめに：SDGsと教育機関

　日本政府は，2018年より，SDGsの達成に向けた企業・団体等の優れた取り組みをジャパンSDGsアワードとして表彰している。2018年第1回ジャパンSDGsアワードでは，江東区立八名川小学校が受賞した。これは，2018年度で7回目となる八名川まつりが評価されたからである。八名川小学校では，ESD（持続可能な開発のための教育）に基づいて行われた児童の総合学習の成果を発表している。2019年の第2回ジャパンSDGsアワードでは，山陽女子中学校・高等学校地歴部が地域のステークホルダーを巻き込み海洋ゴミ問題を啓発する活動が評価されて，受賞している。

　2020年の第3回ジャパンSDGsアワードでは，徳島県上板町立高志小学校，福岡県大牟田市教育委員会が受賞している。徳島県上板町立高志小学校はエシカル消費の推進をテーマにして，全学年で地産地消の推進，食品ロスの削減などを行ったことが評価されたのである。エシカル消費とは，人や社会，

図表1-1　ESD概念図

出所：文部科学省ウェブサイト,https://www.mext.go.jp/unesco/004/1339970.htm(2021年6月29日最終アクセス)

環境に配慮した消費活動のことで，食材を輸送する際のエネルギーを少なくすることや，廃棄物を減らすこと，リサイクル製品を積極的に購入することも含まれる。

　福岡県大牟田市教育委員会は，市内すべての公立小・中・特別支援学校において，各学校のSDGsの重点を地図にしたり，ESDに関する児童生徒の学習交流の場を設けたりするなどして，ESDを積極的に推進している。ESDは持続可能な開発のための教育といわれ，「国連ESDの10年」（2005〜2014年）以降も取り組みが行われている。ESDは**図表1-1**に示された関連する様々な分野について，持続可能な社会の構築の観点からつなげ，総合的に取り組む教育である。自律心，判断力，責任感などの人間性を育み，他者・社会・自然との「関わり」「つながり」を尊重できる個人を育てることを目的としている。

　2021年の第4回ジャパンSDGsアワードでは，青森県立名久井農業高等学校の環境研究班と川崎市立平間小学校が受賞している。名久井農業高等学校の環境研究班では，開発途上国に安全安心な水や食糧を届けるため，農業高校の視点から環境・農業技術を開発している。同校の環境研究班は，令和2年度の気候変動アクション環境大臣表彰も受けている。神奈川県にある川崎市立平間小学校は，すべての教育活動にSDGsの視点を取り入れ，地域を巻き込みながら多彩なSDGs推進事業を実施している。「主体的に学習に臨み，SDGsの視点で未来につなげようとする子」を校内研究テーマとして，探究活動のつながりを大切にした授業づくりを行っている。

　日本経済新聞社は2016年より「日経ソーシャルビジネスコンテスト」を実施し，2020年2月には，第3回の結果が発表され，学生部門で広島県の高校生が過疎地域の人とのつながりを促す取り組みにおいて表彰されている。具体的には，過疎地域に移り住んだ高校生が感謝の気持ちを示す通行手形の発行を提案し，高齢化が進む過疎地域において地域のつながりを活発にした活動が評価された。2021年2月の第4回の結果発表では，高校生が代表を務める一般社団法人Sustainable Gameが「他者を大切にする心と責任を持つ人」

を生み出すことでサステナブルな世界を創造するために，中高生にSDGs教育プログラムを提供し，企業にも中高生とのSDGs共創プラットフォームを提供していることにより表彰されている。

2 SDGsと大学

　朝日新聞社は，2019年より「大学SDGs ACTION! AWARDS」として，大学生からSDGsの達成に資するアイデアを募集し，表彰している。2019年には，グランプリとして，立命館アジア太平洋大学の「Plushindo：チャンスを作り出し，視点を変える」が表彰され，準グランプリとして近畿大学の「環境負荷と農家の無賃労働を低減するために」が表彰されている。立命館アジア太平洋大学のアイデアは，インドネシアのろう者の働く場をつくる取り組みである。近畿大学のアイデアは，陸上生態系の保護としての，梅酢の新しい利用方法と，海洋保全としての，養殖魚皮の高付加価値化とアカモクによる地域復興である。

　2020年は，グランプリを岩手県立大学の「超スマート社会を拓く人・モノ・街づくり」が受賞し，準グランプリを横浜市立大学の「古着を布ナプキンへ！〜アフリカの月経貧困を解決する〜」が受賞している。岩手県立大学のアイデアは，IT技術が駆使されて人々が便利に暮らせる超スマート社会を岩手県滝沢市で実現しようとするものである。横浜市立大学のアイデアは，生理用品を買うお金がない，買うためのアクセスが悪い，アフリカ地域に繰り返し使えて，手に入れやすい材料で簡単につくれる「布ナプキン」を提供しようとするものである。

　イギリスのTimes Higher Educationは，大学の社会貢献度についてSDGsの枠組みを使って評価し，ランキングを公表している。2020年のランキングから日本の大学について，整理したものが**図表1-2**である。

図表1-2　SDGsにおける日本の大学ランキング

順位	大学名	スコア
76	北海道大学	85.3
77	東京大学	85.1
97	東北大学	83.7
101-200	広島大学，京都大学，筑波大学，立命館大学，早稲田大学	75.2-83.3
201-300	名古屋大学，岡山大学，信州大学，山口大学，名古屋市立大学	68.2-75.3
301-400	千葉大学，金沢大学，横浜市立大学，慶應義塾大学，東海大学，東京理科大学	61.5-68.0

出所：Times Higher Educationのウェブサイトを参考に筆者作成。https://www.timeshigher education.com/impactrankings#!/page/3/length/25/sort_by/rank/sort_order/asc/cols/ undefined（2021年3月20日最終アクセス）．

　北海道大学は，日本の大学の中で最上位にあり，2006年よりサステナビリティ・ウィークを開催し，2016年にサステイナビリティ教育検討プロジェクトチームを設置している。また，2005年より，環境報告書を発行し，国際シンポジウムの開催やサステイナブルキャンパスマネジメント本部の設置なども行い，SDGsへの取り組みを積極的に行っている。Times Higher Educationは，SDGsの17項目すべてを対象に評価しているが，北海道大学は，目標2「飢餓をゼロに」で10位，目標9「産業と技術革新の基盤をつくろう」で45位，目標12「つくる責任つかう責任」で77位，目標14「海の豊かさを守ろう」で43位タイ，「15.陸の豊かさも守ろう」で59位など，計6項目で100位以内に入っている。

　東京大学は，北海道大学の次に位置づけられ，2017年に大学の目標設定の指標としてSDGsを活用するとし，総長を本部長とする未来社会協創推進本部を設置している。東京大学は，社会的・国際的な連携を強化して多様な人々が能力を発揮しうる研究・教育環境を構築し，全学の広い分野でSDGsの達成を目指したプロジェクトを推進し，大学全体のアクションとして可視化・発信している。さらには，工学と農学の融合による革新的な食料品生産技術の開発など，100以上のプロジェクトを進めている。Times Higher

Educationのランキングにおいては，目標9「産業と技術革新の基盤をつくろう」で100点を獲得し1位タイで，目標2「飢餓をゼロに」で32位タイとなっている。

　東北大学は，2017年より「東北大学復興アクション」と「社会にインパクトある研究」をSDGs活動として展開している。2011年3月に発生した東日本大震災の1ヶ月後に設置した災害復興新生研究機構を中心にSDGsの実践活動への参加を促し，教育研究における地域社会との連携を進めている。Times Higher Educationのランキングでは，目標9「産業と技術革新の基盤をつくろう」では9位，目標12「つくる責任 つかう責任」で52位，目標13「気候変動に具体的な対策を」で64位，目標8「働きがいも経済成長も」で93位，目標3「すべての人に健康と福祉を」で101-200位などとなっている。

　101位以下においても，国立大学が多く入っている。商学や経営学関係の専門職大学院については，国際連合が2007年にUNPRME（国連責任経営教育原則）を公表し，経営専門職大学院などに対して，以下の原則に署名することを求めている。

原則1：目的　包括的かつ持続可能なグローバル経済のために価値創造できるよう学生の能力を開発する

原則2：価値理念　学術研究やカリキュラムに社会的責任を組み込む

原則3：手法　責任あるリーダーシップの育成のために効果的な学習体験を提供する

原則4：研究　持続可能な価値を創造する企業の役割について研究を行う

原則5：パートナーシップ　企業の経営者と共同で取り組む

原則6：対話　グローバルな社会的責任と持続可能性について様々なステークホルダーと対話を行う

　UNPRMEは，多国籍企業の行動に影響を与えたUNGC（国連グローバル・コンパクト）に影響されて策定されたといわれている。UNGCは，2000年に

当時のコフィ・アナン事務総長が主導する形で，人権，労働，環境に関する原則として公表されたものである。2004年には，腐敗防止に関する原則をUNGCに追加している。現在，経営専門職大学院を中心に世界で500校あまりがUNPRMEの原則に署名している。経営専門職大学院は，経営者を養成することを目的としているが，そこでの経営者は，単に利益を最大化すればよいとはされていない。経営専門職大学院では，専門経営者（professional manager）になるための経営学という科学と企業倫理という倫理が教授され，医師や弁護士のような専門職を育成する教育が行われ，専門経営者には，専門職の倫理が求められている。

　2018年の世界経済フォーラムでは，経営専門職大学院のランキング評価項目に，SDGsへの取り組みを含めることが提案された。世界経済フォーラムは，1971年に経済学者のクラウス・シュワブにより設立され，世界の政治・経済の指導者が参加している。1973年に「ダボスマニュフェスト：企業指導者のための倫理綱領」を公表している。そこでは，専門経営者の存在意義が顧客，株主，労働者・従業員と同様に社会に仕えることとされ，ステークホルダーの異なる利益を調和させることであること，それらは経済的事業活動を通じてなされることなどが示されている。経済的事業活動は，企業が長期的に存続するために不可欠であり，さらには十分な収益性が必要とされる。

　世界経済フォーラムは，2019年12月に，「ダボスマニュフェスト：企業指導者のための倫理綱領」を見直す形で，「ダボスマニュフェスト：第4次産業革命における企業の普遍的存在意義」を公表している。そこにおいて，企業の存在意義は，共有され維持される価値の創造に関わるすべてのステークホルダーに仕えることであるとし，価値の創造において，企業は株主に仕えるのみならず，従業員，顧客，納入業者，地域社会，社会全体に仕えるとしている。さらに，すべてのステークホルダーの多様な利益を理解し，調和させる最善の方法は，企業の長期的繁栄をもたらすような政策と意思決定にともに関わることによってなされるとしている。企業活動がグローバル化したことを受けて，グローバルな将来のステークホルダーについても考慮するこ

とを求めている。企業が長期的に存続するには，現在のために将来を犠牲にしないことが必要になる。これは，将来世代を強く意識させるSDGsの取り組みと共通である。

　経営専門職大学院がいかに持続可能性と責任を履行するかに関する研究も行われている。例えば，Storey et al.（2017）は，SDGsがUNPRMEに影響を与え，経営専門職大学院がいかに持続可能性と責任を履行するかに関する文献を探究している。そこでは，企業の存在意義の変化に関わる文献や，CSRに関する文献が取り上げられ，道徳に基礎を置かない経営理論から構成される経営専門職大学院のカリキュラムにより，経営実践に負の影響があると指摘する文献や，経営専門職大学院の思考様式を転換する必要性を説く文献も取り上げられている。

3 SDGsと商学教育

　日本の商学教育は，1875年に後に初代文部大臣となる森有礼が私塾として，渋沢栄一らの協力を得て，東京に商法講習所を開設したことに始まる。その後，商法講習所は，設立形態の変更や改称を繰り返し，1902年に東京高等商業学校となり，1949年に一橋大学となっている。渋沢は，東京高等商業学校の卒業式で「商工業者の実力は国家の地位を高進する」と述べ，商工業に関わる者の社会的地位の向上が当時の日本の発展に不可欠であるとしていた。なぜなら渋沢は，「経済道徳合一主義」を提唱し，事業が正業であるならば公益と私利は一致するとして，江戸時代の「士農工商」の考えから抜け出し，実業の地位の向上に取り組んでいたからである。渋沢は，1923年に『論語と算盤』を著し，仁義道徳と生産殖利はともに進むものであり，不義やごまかしでは富貴にはなれないとしている。

　1904年には，明治大学，早稲田大学に商科が設置される。この年は，日本では日露戦争が起きた年として知られているが，世界的にみると，商業やビ

ジネスに関する教育の必要性が高まっていた時期でもある。それは，交通通信革命により国際競争が激しさを増し，世界を舞台に活躍できるビジネスパーソンの養成が強く求められていたからである。明治大学商学部は，1904年に「学理実際兼ね通ずる人材の養成」という基本的教育理念の下に，創設されている。商学部創設から120年近くが経ち，現在は，ICT（情報通信技術）の進展，新興諸国の経済発展などにより，グローバル化が進展し，地球温暖化，資源の枯渇などの問題を解決することが，各国経済の持続可能な発展には不可欠となっている。

　今日のビジネスパーソンは，そうした課題を解決できるように，「安さ」や「便利さ」などを実現する能力ばかりでなく，それらを「社会貢献」や「サステナビリティ」につなげる能力が求められている。明治大学商学部における商学は，総合市場科学であり，経済学，経営学，会計学，貿易論，マーケティング，ファイナンス，インシュアランスなど，幅広い領域を有している。さらには，専門と教養の『知の融合』を通じて，学生の内面に新たな価値観，人間観および世界観を『創生』することで，「安さ」や「便利さ」などを追求するのみならず，それらを「社会貢献」や「サステナビリティ」を通じて実現できるような社会において活躍できる有為な人材の育成を目指している。とりわけ，演習教育の「ダブル・コア化」は，そうした人材を育成することを目的として導入されたものである。明治大学商学部の学生は，2年次より「総合学際演習」と「商学専門演習」を同時に履修できるようになっている。

　明治大学商学部は，「学理実際」の観点から，「特別テーマ科目」である，「特別テーマ実践科目」「特別テーマ研究科目」「特別テーマ海外研修科目」などにより，実践的な活動を含めた人材の育成を図っている。2021年度には，「SDGs調理科学」「日本人の心理・行動とSDGs」「日本企業のクォリティとSDGs」「日本企業における経営品質・労働問題とSDGs」「経営品質科学における日本の経営技術（TOM）とSDGs」などをテーマとして，SDGsに関連した科目も設置されている。

4 SDGsと新たな産学連携の可能性

　SDGsは，大学と企業の連携を生み出す可能性を有している。SDGsの達成のためには，第1節で取り上げたように，大学のみならずすべての教育機関が関わる必要性があり，また，国や自治体だけでなく，企業の関与が不可欠な問題が多くあるからである。実際，個別の企業のみならず，個別の企業が参加する経済団体においても，SDGsへの積極的関与を表明している。

　日本経済団体連合会（以下，経団連）は，2017年11月，企業行動憲章を改定し，Society 5.0の実現によるSDGsの達成をその改定の柱とした。そこでは，会員企業のみならず，グループ企業，サプライチェーンに対しても行動変革を促すとともに，多様な組織との協働を通じて，Society 5.0の実現，SDGsの達成に向けて行動するとされている。また，企業行動・SDGs委員会企業行動憲章タスクフォースも設置している。経団連は，1990年代以降，地球環境問題や企業行動のあり方についての指針を会員企業に対して積極的に示し，その実践を促している。

　企業行動憲章の改定後，2018年，2020年の2回にわたり，経団連は会員企業にアンケートを行っている。2018年のアンケートにおいては，SDGsの社内への理解・浸透に関する取り組みについての設問があったが，CSR部門や経営トップからの情報発信と回答した企業が全回答企業302社の半数を超えている。また，実際の取り組み状況に関しては，「事業活動をSDGsの各目標にマッピング」という項目において35％の企業が取り組んでいると回答している。2020年の調査では，回答した企業が289社と少し減少しているが，65％の企業が「事業活動をSDGsの各目標にマッピング」をしていると回答し，42％の企業が「経営への統合（ビジネス戦略にSDGsを組み込む）」を行っていると回答している。2回の調査において，各社のSDGsの17目標への取り組み状況については，目標8「働きがいも経済成長も」，目標13「気候

変動に具体的な対策を」，目標9「産業と技術革新の基盤をつくろう」に取り組む企業が多くなっているという結果である。

経団連は，2019年5月に2019年度事業方針として，「『Society 5.0 for SDGs』で新たな時代を切り拓く」を公表している。Society 5.0について，経団連は，デジタル革新と多様な人々の想像・創造力の融合によって社会的課題を解決し，価値を創造する社会としている。2019年度事業方針では，技術革新を基盤に，イマジネーションとクリエーションを通じて，経済の力強い成長，国民生活の利便性向上，ヒト・モノ・カネの効率的な配分を実現するとともに，社会課題の解決を通じて国連の採択したSDGsの達成に貢献するとしている。また，SDGsの17の目標のすべてについて会員企業の取り組み事例を紹介している。

経団連は，2020年3月に，東京大学，GPIF（年金積立金管理運用独立行政法人）と共同で，Society 5.0の国内外への発信や国内外の企業・投資家向け行動原則へのSociety 5.0の盛り込みを推進することを発表している。GPIFは，厚生年金と国民年金の積立金の管理・運用する組織で，運用資産として日本企業の株式も保有している。2020年5月には，経団連は，日本のODA（政府開発援助）の実施を担うJICA（国際協力機構）と共同で「Society 5.0 for SDGs　国際展開のためのデジタル共創」を公表している。これは，会員企業の有するデジタル技術やノウハウを利用して，JICAが関わるODAを通じて，途上国の様々な課題の解決を促そうとするものである。

経済同友会は，経営者が個人として参加する組織であるが，2019年7月に「企業と人間社会の持続的成長のためのSDGs─価値創造に向けて，一人ひとりが自ら考え，取り組む組織へ─」を公表し，経営者が主導し，企業がSDGsに取り組むことにより，組織を構成する個人を活性化させ，企業の持続的成長を促すとしている。経済同友会は，企業がSDGsに取り組むことにより，企業で働く1人ひとりが主体的に価値創造に取り組める組織に変革することを提唱しているのである。具体的には，事業・本業を通じたSDGsの達成に積極的に関わることにより，個人がそれぞれの現場で，持続可能性へ

の貢献と自社の存在意義に共感することが重要であるとしている。また，SDGsは国際的な共通言語として社会に定着しており，SDGsへの取り組みがより多くのステークホルダーからの共感を生むとしている。さらには，大学や地方自治体・企業等との連携の幅を広げているとしている。

経済同友会は，2020年9月に「持続可能な経済・社会への責任—幅広いステークホルダーとの対話の推進—」という声明を公表し，経営者が将来世代のために，社会の持続可能性に対して責任ある経営に取り組むことを求め，ステークホルダー資本主義やSDGsを経営戦略や組織文化に落とし込むことが必要であるとしている。この点は，経団連と同様である。

5 おわりに

SDGsへの取り組みは，組織における個々人のモチベーションを向上させる可能性がある。それは，利己の追求ばかりではなく，利他になること，誰かに貢献していることを実感させるからである。この点は，学生についても同様である。自分のための学びがSDGsに貢献する可能性を高めることで，誰かのために役立つことを実感できるからである。こうした観点に立てば，それぞれの知識や資源を活かしながら，大学と企業が新たな産学連携を行うことも可能になると考えられる。

参考文献

Storey, M., S. Killian and P. O'Regan (2017) "Responsible management education: Mapping the field in the context of the SDGs", *The International Journal of Management Education*, Vol.15 No.2, pp.93-103.

経済同友会 (2019)「企業と人間社会の持続的成長のためのSDGs—価値創造に向けて，一人ひとりが自ら考え，取り組む組織へ—」https://www.doyukai.or.jp/policyproposals/uploads/docs/190731a.pdf?190731 (2021年1月2日最終アクセス)。

経済同友会 (2020)「持続可能な経済・社会への責任—幅広いステークホルダーとの対

話の推進—」https://www.doyukai.or.jp/policyproposals/articles/2020/200910a.html（2020年12月24日最終アクセス）。

日本経済団体連合会（2017）「企業行動憲章：実行の手引き（第7版）」https://www.keidanren.or.jp/policy/cgcb/tebiki7.pdf（2021年3月2日最終アクセス）。

日本経済団体連合会（2018）「企業行動憲章に関するアンケート調査結果」https://www.keidanren.or.jp/policy/2018/059_kekka.pdf（2021年3月2日最終アクセス）。

日本経済団体連合会（2020a）「Society 5.0 for SDGs　国際展開のためのデジタル共創」https://www.keidanren.or.jp/policy/2020/056.pdf（2021年3月2日最終アクセス）。

日本経済団体連合会（2020b）「第2回企業行動憲章に関するアンケート調査結果—ウィズ・コロナにおける企業行動憲章の実践状況—」https://www.keidanren.or.jp/policy/2020/098_honbun.pdf（2021年3月2日最終アクセス）。

第2章
SDGsからみた
信頼される会社とは

本章とSDGsとの関わり

　本章は，SDGsの目標8「働きがいも経済成長も」，目標9「産業と技術革新の基盤をつくろう」，目標12「つくる責任つかう責任」に関係する。

1 はじめに

　商学部における主たる研究対象は，私企業すなわち株式会社である。本章では，SDGsとの関連において極めて重要な概念であるCSRについての理解を深めることが重要なテーマとなる。ただし会社は，利益を上げ続けなければ存続することができない。そこで近年注目されているのが，「信頼される会社」という考え方である。それは，財務業績と非財務としてのCSRを上手に両立させている会社のことである。

　大学を卒業すれば，多くの人々は株式会社で長く働くことになる。その意味でも，信頼される会社についてより深く理解することは大事である。以下では，日本においてどのような会社が信頼される会社なのかについて具体的な検討を進めていきたい。

2 マクロのSDGs，ミクロのCSR

　商学においてSDGsを論じる際に，重要な概念としてCSR（Corporate Social Responsibility）すなわち「企業の社会的責任」が挙げられる。企業は，経済主体としては民間セクターを構成するものではあるが，その活動において道路をはじめとする様々なインフラストラクチャー（経済基盤）を使用する。さらに自社の売上や利益追求のために，人々を雇用する。企業の経済活動は，それ自体がきわめて社会的なものであり，その過程において様々な責任を社会的に負っているというのが，CSRの考え方である。それゆえ，企業は「社会の公器」であるといわれている。私企業であっても，公的な存在というわけである。

　さらに，多くの大企業は，自社の株式を証券取引所に上場している。広く

資本を調達するためである。上場企業の株式は誰でも購入可能であるから，潜在的にはすべての人々が株主になりうる。商学における重要な分野に，会計学が存在する。企業は，毎年自社の業績を資本提供者であり所有者である株主に報告しなければならない。上場企業の場合には，すべての潜在的投資家を対象に報告しなければならず，そのため決算情報は広く開示されるのである。株式上場企業には，株式非公開の中小企業に比べて，より大きな社会的責任が課せられている。

SDGsには17の開発目標があり，それらのうち，目標8「働きがいも経済成長も」，目標9「産業と技術革新の基盤をつくろう」，目標12「つくる責任つかう責任」といった目標が，CSRに直結するものとして挙げられる。さらに，目標5「ジェンダー平等を実現しよう」，目標11「住み続けられるまちづくりを」，目標17「パートナーシップで目標を達成しよう」なども，その活動と関連している。

ここでCSRとSDGsの関係についてみてみると，CSRが企業や企業の経営者が果たすべき責任であるという意味で個別の主体に関わるものであるのに対し，SDGsは社会や経済が全体として達成すべき目標であるからよりマクロで政策的なものとなっている。それゆえ，全体としてSDGsを達成するためには，個々の企業がしっかりとCSRを推進する必要がある。

ただし，経済のグローバル化を考慮すると，ことはそう単純ではなくなる。企業は世界中に子会社を有し，グローバル・グループとして容易に国境を越えるので，国家の真部分集合には留まらなくなるからである。SDGsは現状では国単位で論じられているのに対し，CSRは国を越えたグローバルな企業グループ単位で遂行される。それゆえ最終的には，SDGsは地球的規模で統合されるべきものである。

3 財務とCSRを統合評価した信頼される会社

　「信頼される会社」という考え方が存在する。東洋経済新報社が，2007年以降自社のビジネス誌である『週刊東洋経済』誌上において，毎年「信頼される会社」ランキングとして公表してきたものである。**図表2-1**は，直近の2021年版信頼される会社ランキングの上位20社を示したもので，1位がKDDI，2位が日本電信電話（NTT），3位が富士フイルムホールディングス・・・となっている。東洋経済新報社によるこの企業評価は，2000年代半ばからCSR指標と財務指標の両面で基準化を進めてきたものである。筆者は，このランキング調査に当初からアドバイザーとして指標づくりや評価方法決定に関わってきた。

　「信頼される会社」とは，どのようなものであろうか。まず考えられるのは，毎期継続的に利益を上げられる会社であろう。不況時には会社の破たんも珍しくなくなっているので，安定していて潰れないことも大事である。そうすると，利益の蓄積すなわち内部留保が欠かせないため，会社の規模も大きな要素となる。また経済全体が成熟していく中でも，成長できる会社であることも重要である。このように，信頼される会社を見出すためには，利益や売上，資産・負債などの伝統的な財務指標を活用した経済的な評価が不可欠である。これらのデータは，上場企業であればすべて開示されているので，容易に収集し分析することができる。その具体的手法については，会計学の中で経営分析論と呼ばれる分野で論じられている。

　信頼される会社として企業の財務業績を測るためには，モノサシが必要になる。それが，会計基準である。20世紀には，国単位で異なる会計基準が存在した。その後2002年に，アメリカの会計基準設定機関であるFASB（財務会計基準審議会）と世界標準の会計基準設定を目指すIASB（国際会計基準審議会）の間で，会計基準を国際的に統合することが合意される。そして

図表2-1　CSR企業ランキング2021年版

順位	昨年順位	社名	総合ポイント(600)	人材活用(100)	環境(100)	企業統治+社会性(100)	財務(300)
1	1	KDDI	575.7	96.0	94.9	99.4	285.4
2	3	日本電信電話	572.0	93.9	96.2	98.3	283.6
3	5	富士フイルムホールディングス	571.2	94.9	97.4	98.9	280.0
4	7	JT	569.4	96.0	92.3	97.7	283.4
5	4	花王	568.7	96.0	94.9	96.0	281.8
6	2	NTTドコモ	567.2	91.9	89.7	100.0	285.6
7	53	サントリーホールディングス	565.9	94.9	98.7	96.6	275.7
8	13	大和ハウス工業	565.6	88.9	97.4	97.7	281.6
9	17	トヨタ自動車	563.1	93.9	98.7	97.2	273.3
10	12	キリンホールディングス	562.6	94.9	96.2	96.0	275.5
11	9	富士ゼロックス	562.3	91.9	94.9	95.5	280.0
12	6	セブン&アイ・ホールディングス	562.0	93.9	89.7	97.2	281.2
12	8	コマツ	562.0	93.9	91.0	95.5	281.6
14	15	東レ	560.9	90.9	98.7	93.2	278.1
15	11	ダイキン工業	560.6	91.9	94.9	91.5	282.3
16	21	アイシン精機	560.4	91.9	91.0	97.7	279.8
17	10	旭化成	558.6	93.9	89.7	94.3	280.7
17	22	クボタ	558.6	92.9	88.5	96.6	280.6
19	24	オムロン	558.4	94.9	98.7	100.0	264.8
20	14	ブリヂストン	556.1	86.9	88.5	98.3	282.4
20	19	積水ハウス	556.1	86.9	89.7	98.3	281.2
22	23	キヤノン	555.8	84.8	96.2	94.3	280.5
23	27	デンソー	555.3	87.9	92.3	94.9	280.2
23	37	第一三共	555.3	90.9	89.7	97.7	277.0
25	75	中外製薬	554.5	94.9	83.3	96.0	280.3
26	52	住友商事	554.4	88.9	96.2	90.3	279.0
27	32	NEC	552.6	90.9	92.3	98.3	271.1
28	49	いすゞ自動車	552.4	80.8	97.4	94.9	279.3
29	35	東京エレクトロン	552.2	84.8	88.5	90.9	288.0
30	28	三菱電機	552.1	86.9	88.5	96.0	280.7

出所：岸本・村山（2021）p.78。

2005年以降，EUはじめ世界各国でIASBが設定するIFRS（国際財務報告基準）に基準が統一されていく。今日，アメリカ会計基準とIFRSは事実上同一とみなせるレベルに統合されており，同じモノサシとして使用されている。日本には企業会計基準と呼ばれる会計基準が存在するが，2007年のIASBとの東京合意に基づいて，国際統合が進められている。

　ただし，信頼される会社は，単に財務面に秀でているだけでは不十分である。例えば，資源を浪費せず環境に負荷をかけないことや，労働条件も男女間や世代間で公平公正であることなどが，今日では重要な要因となっている。どれだけ財務業績がよくてもいわゆる「ブラック企業」であっては，信頼される会社とはみなされない。さらにいえば，事業活動の内容のみならず，会社が法令を遵守し，安定した統治を維持していること，すなわちコンプライアンス（法令順守）やガバナンス（企業統治）も重要な評価要因である。まさに，社会的な信頼性が重要なのである。したがって信頼される会社は，財務的に優等生であるだけでなく，CSRをしっかりと果たしている会社でなければならない。信頼される会社とは，積極的にCSR活動に取り組みつつ，かつ伝統的な財務指標も安定しており，それらが客観的なモノサシによって容易に評価できる会社のことである。それはまさに，商学の研究対象である。

4 信頼される会社評価の情報源としての 『CSR企業総覧』

　CSRに関する情報が東洋経済新報社によって提供されるようになったのは，2006年のことである。『週刊東洋経済』の臨時増刊シリーズとして『CSR企業総覧2006』が出版された。『CSR企業総覧』はその後年次ベースで定期的に出版され，当初掲載社数が749社だったものが，2007年には1,000社となり，直近の2021年では1,614社に増加している。総ページ数も2006年版が984ページだったのが，2017年版以降は2分冊化され，2021年版では【雇用・人材活用編】が1,637ページ，【ESG編】が2,360ページとなっている。近年ますます

図表2-2　信頼される会社の評価方法

分野	分類	評価内容	利用目的	指標数	得点
CSR	人材活用	人材活用に積極的で働きやすい	就職	45	100点
	環境	環境問題にしっかり取り組んでいる	ESG投資	30	100点
	企業統治	統治が安定し法令順守している		38	50点
	社会性	社会貢献に積極的である		30	50点
財務	収益性	利益があげられている	経営分析	5	100点
	安全性	安定した指標が継続している		5	100点
	規模	規模が大きく余裕がある		5	100点

出所：岸本・村山（2021）p.85。

　多くの日本企業がCSRの重要性に注目し，調査内容も回答も詳細化しているので，年々情報量が増加しているのである。

　『CSR企業総覧』は，東洋経済新報社によって毎年実施されるCSRに関するアンケート調査の回答を元に，各企業のCSR実践内容について詳細に記述したものである。掲載情報は，【雇用・人材活用編】は，「雇用・人材活用」について取り扱っており，「基礎データ」，「多様な人材活用」，「人権・労働問題」，「障がい者雇用」，「人事・評価制度」，「ワーク・ライフ・バランス」，「賃金，休暇・諸制度」，「労働安全衛生」，「ポストコロナ・従業員の働き方」の諸項目に分けて調査内容が掲示されている。**図表2-1**および**図表2-2**における人材活用のデータは，この分冊情報を基礎にしたもので，その得点が高いほど働きやすい会社であることがわかる。この分冊は，就職活動においてきわめて有用である。

　分冊の【ESG編】は，「CSR全般」，「ガバナンス・法令順守・内部統制」，「消費者・取引先対応」，「社会貢献」，「企業と政治の関わり」，「環境」の6分野にわたってなされた質問に基づいている。これらの分野は，「雇用・人材活用」同様，いくつかの項目に分けられている。例えば，2012年版から追加された「企業と政治の関わり」という分野は，「税金に関する基本姿勢」と「政治献金・ロビー活動」という項目に分けられている。そこでは，納税

倫理規定の有無や政治献金支出額を調査企業に問うている。

　「信頼される会社」として毎年『週刊東洋経済』誌上に公表されるのは，『CSR企業総覧』における調査内容を点数化し，ランキング上位にリストアップされる300社である。このランキングは，CSRについては，アンケート調査の諸分野を人材活用（100点），環境（100点），企業統治（50点），社会性（50点）にまとめ，得点化したものである。また財務については，収益性（100点），安全性（100点），規模（100点）に換算したものである。そして総計600点満点で，CSR評価と財務評価の両方に優れた「信頼される会社」を公表しているのである。

　点数化にあたっては，CSRについてはアンケート調査の回答内容について加点方式で行われている。直近の2021年版のアンケート調査票は，16の基本質問に加えて，人材活用が45，環境が30，企業統治が38，社会性が30の質問で構成されている。アンケート調査票の質問項目は，年数経過とともに増加している。このうち企業統治にはアンケート調査における「ガバナンス・法令順守・内部統制」と「企業と政治の関わり」，社会性には「消費者・取引先対応」と「社会貢献」の回答内容が得点化されている。

5 『会社四季報』を使って財務指標を理解する

　一方財務評価では，それぞれの項目を複数の財務指標で測定し，その結果を主成分分析と呼ばれる統計手法によって点数化している。例えば収益性では，ROE（自己資本利益率＝当期純利益÷自己資本），ROA（総資産利益率＝営業利益÷総資産），売上高営業利益率（営業利益÷売上高），売上高当期純利益率（当期純利益÷売上高），営業キャッシュフローの5指標を使用している。安全性では，流動比率（流動資産÷流動負債），D/Eレシオ（有利子負債÷自己資本），固定比率（固定資産÷自己資本），総資産利益剰余金比率（利益剰余金÷総資産），利益剰余金の5指標を，規模では，売上高，

EBITDA（税引前利益＋支払利息＋減価償却費），当期純利益，総資産，有利子負債の5指標をそれぞれ使用している。すべて会計学ではよく知られた指標である。

「信頼される会社」ランキングは，そうして同じモノサシで測定したCSRと財務の数値を総合得点としてリストアップしたものである。企業を評価するためには，測定方法を決定することがとても重要である。個別企業の内容を詳細に知りたければ，CSRについては『CSR企業総覧』の当該企業欄を読めば理解できる。個々の質問に対し，各企業がどの程度CSRを実践しているかがわかる。また財務評価については，すべて公表財務データなので，各企業が決算において発表する『有価証券報告書』やそれらをとりまとめた投資家情報誌である東洋経済新報社の『会社四季報』などによって確認できる。

6 信頼される会社が目指すべき ダイバーシティ経営

　少子高齢化によって内需が伸び悩む中，多くの日本企業がアジアに進出し，また欧米にも子会社を展開している。日本企業の活動がグローバル化するのに伴い，外国人持株比率が上昇し，株主の多様化すなわちダイバーシティ化が進んでいる。金融や情報関連の企業では，本社を海外の英語圏に移転させた例も存在する。日々ダイバーシティ経営の有効性が論じられ，グローバル人材の重要性が繰り返し主張されている。信頼される会社であり続けるためには，会社組織において経営や雇用の多様化を実現することがよりいっそう重要になってくる。

　企業経営を日本人だけで行っていればよい時代は，すでに過去のものとなっている。1980年代のバブル経済華やかなりし頃，日経平均株価は38,957円と史上最高値を記録し，ジャパン・アズ・ナンバーワンとして日本的経営が世界でもてはやされた。そこでは終身雇用，年功序列，企業別労働組合の制度が「三種の神器」として注目された。それらは，すべて日本人の男性正規

雇用に限定されたものに過ぎなかった。今や企業経営は，多様な価値観を有する人材を世界的な視野でうまく活用しなければならなくなっている。

　そもそも，ダイバーシティ経営がなぜ不可欠なのか。それは，女性や外国人など伝統的な日本的経営では忘れ去られていた貴重な人材に活躍してもらうことで世界的な競争に伍していくためである。このダイバーシティ経営には，あるパラドックスが存在する。それはグローバル化が，人材の多様化を推進するのと同時に，その業績を国際的に比較するためのモノサシの標準化を推進するという事実である。ダイバーシティ経営の評価は，まさに世界的なレベルで単一化された基準によって行われるのである。

　日本企業は，環境保全や省資源化など環境面では高い水準に到達している。それはとても重要なことではあるが，同時に社会面における組織や雇用の多様性，社外取締役や社外監査役の活用によるガバナンスの多様性なども追求していかなければならない。社外取締役については，アメリカでは単に社外にいるだけではなく会社から利害が完全に独立しているという意味で独立取締役へと発展している。日本でも，独立取締役や独立監査役の増員が急務となっている。信頼される会社とは，多様性を活かし，高い財務業績を上げている会社のことである。

7 　ESG投資の対象としての信頼される会社

　2006年に設置されたUNPRI（国連責任投資原則）によって促進された考え方に，ESG投資がある。ESG投資とは，環境（environment），社会（society），ガバナンス（governance）の３つの要素を重視して投資先を決定するものである。ESG投資のうちの環境については，エネルギー使用量やCO_2排出量の削減，化学物質の管理，自然および生物多様性の保護などに積極的に取り組むとともに，それを情報開示している会社が投資の対象となる。ヨーロッパのESG投資では，原発関連企業が投資対象外とされている。ESG

の社会投資としては，消費者対応，地域社会での活動・貢献などが重要な要因となる。災害時の支援も重要な要素である。

　ESG投資におけるガバナンスでは，コンプライアンスのあり方，社外取締役の独立性，経営の透明性，情報開示などが重要になる。EUではドイツが，共同決定制度によって会社の最高意思決定機関である監査役会に株主代表とともに従業員代表を選出することを義務づけてきた。今日の企業統治は，監督機関と執行機関を分離することによって，その機能が強化されつつある。監督機関はドイツ企業の監査役やアメリカ企業の社外取締役に代表され，特定の利害に偏らない公平なスタンスが求められるのに対し，執行機関はドイツ企業の取締役やアメリカ企業の執行役が該当し，CEO（最高経営責任者）に典型的なようにプロフェッショナルとしての高いマネジメントスキルが要求される。

　ESG投資について，詳細は第4章で論じられるが，信頼される会社への投資こそがESG投資なのである。現に，『CSR企業総覧【ESG編】』や「信頼される会社」ランキングがESG投資ファンドによって投資先の選定に活用されている。

8 CSRをグローバル連結で考える

　ここで注意が必要なのは，信頼される会社の評価が財務については世界中の子会社を含んだ連結ベースなのに対し，CSRについては親会社単体ベースだということである。それゆえブラックな連結対象子会社を抱えそれらを財務的に搾取すれば，親会社のCSRに余裕が生まれ，信頼される会社としての評価が上がってしまう。財務評価が連結ベースでなされる以上，この問題は早急に解決されるべきである。CSRについても，企業は単体ではなく連結ベースで信頼される会社を目指さなければならない。そうでなければ，SDGsが達成されない。

そもそも欧米では連結経営が定着し，本社の事業部か子会社かという区分は重要視されてこなかった。企業活動がグローバル化すれば，国外の事業は基本的にその国の現地法人として設立されるからである。連結グループの財務業績が親会社単体の財務業績に対し何倍になるかを示す財務指標に連結単独倍率という指標がある。代表例は純利益連結単独倍率（連結純利益÷単独純利益）で，グローバル化の進展に連れてこの連結単独倍率は上昇する。分子を構成する在外子会社が増加するからである。信頼される会社にとって，CSRは親会社のみならず，世界中の連結対象子会社においてこそ重要なのである。

　IFRSとの国際統合以前の20世紀において，日本企業は親会社の単独決算を中心に開示していた。そしていわゆる日本的経営を実践するために，多くの赤字子会社を抱え，それらの企業によって雇用を維持していた。それが世界標準の連結決算に変わると，赤字子会社は閉鎖されるか，連結対象から外されていった。

　日本では，高度経済成長期において，物価の安い農村部に大量のブルーカラー労働力を活用した組立工場を別法人として設立することが頻繁に行われた。現場の従業員は大都市の本社に比べて賃金が低かったものの，独立した子会社であったから域外への転勤もなかった。会計基準上，単独決算の時代である。その後，日本経済はグローバル化し，国内の生産工場は海外へと移転されていくが，外国の組織は現地法人として設立されたので，それも当初は親会社単体の業績とはならなかった。

　信頼される会社におけるCSRの議論は，基本的に財務データが公表されており，アンケート調査にも協力的な上場大企業に現在のところ限定されている。CSRに関する詳細なデータを世界中のすべての連結対象子会社から集めることは容易ではないからである。SDGsが地球全体で達成すべき目標である以上，企業のCSRもグローバル・グループ全体で達成されなければ意味がない。それが，目指すべき信頼される会社となっている。親会社さえ良ければという時代は過去のものである。

9 おわりに：ホワイト企業としての 信頼される会社

　株式上場をすれば資本調達が容易になることに加えて，企業名が多くの人々に知られるようになり，人材確保も容易になるといわれてきた。今日上場企業は，財務のみならずCSRに関する情報を積極的に開示しなければならなくなってきている。それによって，ますます有能な人材を引きつけることができ，財務業績も向上する。ブラック企業の対極として，ホワイト企業という概念が広がりつつある。ただし仕事が過酷なブラック企業の対極は，決してゆったりと働けるだけの緩い企業ではない。安定した財務の下でCSRに積極的に取り組み，ダイバーシティ経営を実践している「信頼される会社」こそが，真のホワイト企業である。

参考文献

岸本吉浩，村山颯志郎（2021）「信頼される会社CSR企業ランキング2021年版」『週刊東洋経済』2021年3月6日号，東洋経済新報社，pp.76-85。
東洋経済新報社（2021a）『CSR企業総覧2021【雇用・人材活用編】』東洋経済新報社。
東洋経済新報社（2021b）『CSR企業総覧2021【ESG編】』東洋経済新報社。
山本昌弘監修（2014）『指標とランキングでわかる！本当のホワイト企業の見つけ方』東洋経済新報社。

第 **3** 章
SDGsと企業の
パートナーシップ戦略

本章とSDGsとの関わり

　本章は，SDGsの目標17「パートナーシップで目標を達成
しよう」に関係する。

1 はじめに[1]

　この数年の間，壮大な課題をテーマに掲げた会議やシンポジウムなどが増加しており，組織[2]の枠組みを越えた，社会的要素が強い共通の課題に関心が寄せられている。こうした組織の社会的帰結への関心は，とりわけ国連が採択したSDGsを契機として，ますます高まりを見せている。

　共通の問題へ取り組むことに力を注ぐためのこうした方法は，これまで国際機関だけでなく財団，政府，そして学術機関においても活用されてきた（George et al., 2016: 1881）。一方，組織が壮大な課題に取り組むためには，時間や費用を要する。にもかかわらず，なぜ組織は単体，ないし互いに協力し合い，SDGsを推進していく必要があるのだろうか。

　また，近年，経営学の領域において，ステークホルダー（stakeholder）[3]や他組織とともに新たな価値を創造していく組織単体の域を越えた組織化に関心が寄せられているが，SDGsにおいても他の16の目標を達成するため目標17「パートナーシップで目標を達成しよう（Partnerships for the Goals）」という実施手段の強化とパートナーシップの活性化が掲げられている。

　上述のような観点を踏まえた上で本章の前半では，なぜ組織はSDGsに注目する必要があるのかについて，経営学の概念に基づいて検討する。後半は，どのように組織はSDGsへ取り組んでいるのかについて概説する。

2 SDGsの戦略的側面：なぜ組織は今SDGsに注目するのか，すべきなのか

　2000年9月，国連サミットにおいて国連ミレニアム宣言が採択され，これを基に開発分野における国際社会共通の目標であるMDGsが策定された。

MDGsは先進諸国による途上国支援を主とする内容で，8つのゴールが掲げられている（外務省, 2019a）。そして，2015年9月にはMDGsが引き継がれる形で，持続可能で多様性と包摂性のある社会の実現のために2030年を年限とする「持続可能な17の開発目標（SDGs）」が採択された。こうした動向に伴い，日本では2016年5月にSDGs推進本部が内閣府に設置され，2019年には「SDGsアクションプラン2019」が作成された。このSDGsアクションプラン2019は，①SDGsと連動するSociety 5.0[4]の推進，②SDGsを原動力とした地方創生，そして③SDGsの担い手として次世代・女性のエンパワーメントの3つを主軸とした「SDGsモデル」に基づいている（外務省, 2019b）。

このような政府主導の国家戦略としてのSDGsの目標達成に向けた取り組みを背景として，日本国内においてもSDGsへの注目が高まっている。SDGsは国連加盟国のコンセンサスによって成立しているため，加盟諸国，とりわけ先進国がその目標達成のために積極的に取り組むことは必須であると考えられる。一方，組織にはそれぞれに目的があり（Barnard, 1938），例えば営利組織は自らの活動資金を得るために営利性を追求していく必要があるのに，なぜ組織にとってコストがかかるにもかかわらずSDGsについて推進していく必要性があるのだろうか。また，ESG（環境・社会・ガバナンス）やCSR（企業の社会的責任）においても組織の枠を超えた壮大な社会的問題へ焦点を当てているという意味において共通項が見られるが，新たにSDGsの実現を考慮する必要があるのであろうか。このことについて考えるための着眼点として，とりわけ戦略的な側面から検討していく。

戦略研究の主流は内容学派とプロセス学派が挙げられるが，いずれの学派も「有効な戦略とは何か」，「それをどのように用いるか」を議論の拠り所としている。内容学派は経営戦略論の重鎮であるマイケル・ポーターやジェイ・B・バーニーに代表される学派であり，企業にとって良い戦略の内容を探索する戦略研究である。例えば，他製品・サービスと差別化することにより競争優位性を獲得できるというような外部環境と戦略行動の検討（Porter, 1980）や，社内の経営資源と企業の戦略行動の関係を議論する（Barney,

1991; 2002）。また，プロセス学派は経営戦略の父とも呼ばれるイゴール・アンゾフに代表される学派であり，限定合理的かつ高度に不確実性が存在する状況の下で戦略的意思決定を行う専門経営者による戦略策定プロセスを検討する戦略研究である（Ansoff, 1965）。こうした戦略研究は，良い戦略があるという前提の下で，「企業はどのような戦略を持つか」が問われる（Johnson et al., 2007）。一方，新規市場で成功した企業は，必ずしも独自の戦略を持っていたとはいえないことが明らかにされている（McDonald and Eisenhardt, 2020）。

　こうした既存の戦略研究の蓄積を経て，2000年以降には実践としての戦略（Strategy as Practice: SaP）という新たなパースペクティブが注目され，戦略研究の代表的アプローチの1つとして位置づけられ始めている[5]。SaPは，従来の戦略研究において戦略が組織の所有物（organizations have）や属性（property）として捉えられていることを批判する（Johnson et al., 2007）。SaPにおける実践（practice）の概念とは「人々が行う何ものか（something people do）」であり，実践を通じた人々の振る舞いとして戦略を捉える（Schatzki, 2001），プロセス学派が取りこぼしてきた課題に取り組んだ戦略研究である。こうしたパースペクティブから戦略を捉えると，組織や人々は共有された制度を参照として行為戦略を行うことが説明できる（高木, 2013）。

　近代化により人々や組織間の社会関係ネットワークがより密接かつ複雑化すると，それを効率的に扱うための社会的な機能（例えば，規則，慣行，規範，組織構造，戦略など）が必要とされるため，高度に制度化された環境，すなわち制度的環境が形成される。こうした環境下においては，「どれだけ取引先や市場に対してより優れた製品やサービスを能率よく提供できるか」ということだけでなく，「組織の存在とその活動の正当性をどれだけ巧みに主張できるか」ということも重要な問題になってくる。また，制度的環境からの圧力により，ステークホルダーに対して何らかの形で組織自体の存在とその活動の正当性を証明することが要求されるようになる（Meyer and

図表3-1　組織は流行にしたがう

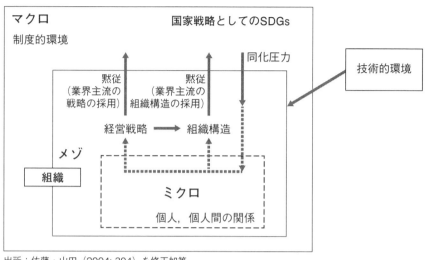

出所：佐藤・山田（2004: 304）を修正加筆。

Rowan, 1977; 佐藤・山田, 2004）。すなわち，組織は自身が置かれた環境において普遍的な制度や規範，あるいは流行にしたがうことが組織の成長と存続のために妥当な戦略と解釈され，組織がSDGsに取り組むことがステークホルダーから正当性を得るための起因となりうるのである（**図表3-1**参照）。

　しかしながら，このことは実体がないにもかかわらず，組織がSDGsを実施しているように見せかけるという，実体が制度と乖離しているデカップリング（decoupling）（Meyer and Rowan, 1977）の行為を誘発させる可能性がある。企業は自社の活動を社会やステークホルダーへ伝えるために，または（機関）投資家や評価機関による企業評価のために，サステナビリティレポートやCSR/ESGレポートを作成しているが，近年はこのレポートでSDGsについても言及するよう求められている。それに伴い，企業が積極的に情報を開示したり広告・PRしていることと，実際の取り組みが乖離しているSDGsウォッシュ（SDGs washing）（4章参照）と呼ばれる状態が問題視され始めている。

また，企業活動へ直接的に関連するSDGs目標は，目標3「すべての人に健康と福祉を」，目標5「ジェンダー平等を実現しよう」，目標8「働きがいも経済成長も」，目標9「産業と技術革新の基盤をつくろう」，目標10「人や国の不平等をなくそう」，目標12「つくる責任つかう責任」など複数あり，企業がいつ，どのような形で環境に対応したアクションを起こすかは，その企業が環境のどのような面に注意を向けるのか，とりわけどのような課題や対処法に注意を向けるのかに左右される（Ocasio, 1997）。企業は社会に付加価値を与えるべきであるが，社会的価値をどのように創造し，提供するかについては見解の相違がある（Wang et al., 2016）。

3 SDGsを実現させるための手段としてのパートナーシップ

　SDGsの17の目標のうち，目標1から16までは世界の持続可能な開発のためのテーマが提示されているが，目標17「パートナーシップで目標を達成しよう」では，そのテーマをどのように達成するのかというSDGsの目標を実現させるための手段が掲げられている。すなわち，SDGsは従来のような政府や組織単体での行動だけではなく，一組織の域を超えた枠組みでの協働的かつ協調的な取り組みが求められていることに特徴を持つ。

　イノベーションの父と呼ばれるシュンペーターは著書『経済発展の理論』の中で，イノベーションには，技術イノベーションや製品イノベーションだけでなく，社会イノベーション（social innovation）も含まれること，そして他企業や組織との協業によって新たな価値を生み出すことを提唱した（Schumpeter, 1961）。社会イノベーションとは，解決すべき社会問題ではなく，それがもたらす社会変革（social change）のことをいう。例えば，貨幣，参政権，法律，近代国家などの慣行や慣習，制度はすべて，ある時点では社会イノベーションであるが，社会変革のすべてのプロセスが必ずしも社会イノベーションであるわけではない。社会イノベーションとは，社会的な変化

を目指して，意図され，計画され，調整された目標志向の正当化された行動と関係している（Cajaiba-Santana, 2014: 44）。

　社会イノベーションの創出は，アントレプレナー（entrepreneur）[6]や企業家活動（entrepreneurship）[7]が起点・中心となって展開している。しかし，個人や組織にアイデアがあっても，それは発明の段階であって，それ自体がイノベーションを生み出すわけではない。つまり，発明を活用し，付加価値を生み出せるように設計することで初めてアイデアが具現化し，イノベーションとなる（Hitt et al., 2019: 420）。そして，このことはイノベーションを創出することは容易ではないことを含蓄する。それゆえに，社会イノベーションの創出は自前主義（closed innovation）ではなく，多様なステークホルダーとのコラボレーションによって知識や能力を活用する枠組みが主に用いられている（Chesbrough, 2003）。

　SDGsの目標の実現においても，組織を超えて組成する方法が推奨されている。既述したように，SDGsでは他の16の目標を達成するため，目標17「パートナーシップで目標を達成しよう」という実施手段の強化とパートナーシップの活性化を掲げているが，パートナーシップによる創出に関連した議論には，価値共創（Co-creation）（Prahalad and Ramaswamy, 2004）やオープン・イノベーション（Open innovation）（Chesbrough, 2003）などが挙げられる。

　Prahalad and Ramaswamy（2004）は，顧客がインターネットやSNSを通じて豊富な情報を入手できたり，経験を交換するようになった現代においては，従来の企業から顧客へと一方的に価値やバリューチェーンを提供する視点から，顧客と価値を共創していく考え方へと変化したと主張する。彼らは，価値共創のための相互作用の構成要素として，対話（dialogue），透明性（transparency），利用（access），そしてリスク評価（risk-benefits）を挙げている。

　Chesbrough（2003）は企業が自らのイノベーションを促進させるためには，外部と内部のアイデアをうまく融合するプロセスが必要であり，オープ

ン・イノベーションへの転換には外部と内部のアイデアを用いて価値を創り出し，その価値の一部を組織内部に取り組むメカニズムを内在したビジネスモデルを構築する必要があると主張する。

4 SDGsの実現に向けての課題

　このように，SDGsは目標の実現のために年限が設けられ，具体的な目標とターゲットが掲げられ，そして実施手段が明示化された，よく練られた制度であるといえる。

　しかしながら，前述のように企業のSDGsへの取り組みは，実体がないにもかかわらずSDGsを実施しているように見せかける，実体が制度と乖離しているSDGsウォッシュを生じさせる可能性がある。また，パートナーシップによる目標の実現が提唱されているSDGsにおいては，多数かつ多様なステークホルダーが共通の課題の実現を目的とするため，単体としての利害は考慮されず，相互依存関係に置かれる。このことが，時に意図しない結果を引き起こす可能性がある。

　加えて，社会問題への取り組みや公益の強化を目的とした善き行為が，逆の効果を生み出すこともある。例えば，Banerjee and Jackson（2017）は，バングラデシュの３つの村を対象としたエスノグラフィー分析を通じて，貧困層や低所得者のための金融サービスであるマイクロファイナンスが実際には借金のサイクルを刺激し，従来のコミュニティサポートを崩壊させ，それによって貧困を軽減させるどころか経済的，社会的，環境的な脆弱性を悪化させていることを明らかにした。

　このことから，SDGsが掲げている目標に向けて適切な対処を見出すためには，SDGsの課題が存在する社会的・制度的・文化的文脈を考慮すること（de Rond and Lok, 2016; Martin et al., 2016），そして，SDGsが組織や制度に影響を与えるメカニズムや文脈，ないしビジネスや職場環境にどのように影響

を与えるかに注目していくこと（George, et al., 2016: 1881）が重要であるといえる。

5 おわりに

　組織の枠を超え，互いに協力し合い，SDGsを推進していくに当たり重要なことは，予め創り出したい世界はどのようなものであるかを意思決定した上で，創造する未来のために必要な資源を紡いでいく行為であると考えられる。

　また，他組織とのパートナーシップによって組織や個人が新しい考えや活動を獲得・蓄積することだけでは，単なる知識の増加でしかない。他組織とのパートナーシップによって何らかの効果を得るためには，新しい考え方や活動を知ることや得ること，知識を増やすことを目的とするのではなく，組織やメンバーの多様な考え方や活動の連関によって，既存の考え方や活動の枠組みを変化させていく必要がある。

注

1）本章は，鈴村（2021）で発表した内容を，学部学生学習用テキストに沿う内容・形式に変更している。
2）本章では基本的に「組織」という用語を用いるが，専門用語や直接引用，あるいは営利組織を示す際に「企業」と記述している。
3）株主，顧客，従業員，取引先，地域社会，政府・行政機関などが含まれる。
4）仮想空間と現実空間を高度に融合させたシステムにより，経済発展と社会的課題の解決を両立する人間中心の社会のことをいう。
5）例えば，British Academy of Management Conference（イギリス経営学会）では，戦略部門と独立した部門として設置されている。
6）企業家活動の機会を察知し，リスクを取ってイノベーションを生み出し，それを事業化する個人，ないし組織内部でその一端を担って行動する個人をいう（Hitt et al., 2019: 421）。

7）個人，集団，あるいは組織が，現在コントロールしている資源に直接的に制約されることなく，機会を見出し，追求するプロセスのことをいう（Hitt et al., 2019: 419）。

参考文献

Ansoff, H.I.（1965）*Corporate strategy: An Analytic Approach to Business Policy for Growth and Expansion*, New York, McGraw-Hill.（広田寿亮訳（1969）『企業戦略論』産業能率短期大学出版部。）

Banerjee, S.B. and L. Jackson（2017）"Microfinance and the business of poverty reduction: Critical perspectives from rural Bangladesh," *Human Relations*, Vol.70 No.1, pp.63-91.

Barnard, C.I.（1938）*The Functions of the Executive*, Cambridge, MA: Harvard University Press.（山本安次郎, 田杉競, 飯野春樹訳（1968）『経営者の役割』ダイヤモンド社。）

Barney, J.B.（1991）"Firm resources and sustained competitive advantage," *Journal of Management*, Vol.17 No.1, pp.99-120.

Barney, J.B.（2002）*Gaining and sustaining competitive advantage*, 2nd ed., NJ, Pearson Education.（岡田正大訳（2003）『企業戦略論―競争優位の構築と持続―（上・中・下）』ダイヤモンド社。）

Cajaiba-Santana, G.（2014）"Social innovation: Moving the field forward. A conceptual framework," *Technological Forecasting and Social Change*, Vol.82, pp.42-51.

Chesbrough, H.（2003）*Open Innovation: The New Imperative for Creating and Profiting from Technology*, Boston, MA: Harvard University Press.（大前恵一朗訳（2004）『OPEN INNOVATION―ハーバード流イノベーション戦略のすべて』産業能率大学出版部。）

de Rond, M. and J. Lok（2016）"Some things can never be unseen: The role of context in psychological injury at war," *Academy of Management Journal*, Vol.59 No.6, pp.1965-1993.

George, G., J. Howard-Grenville, A. Joshi and L. Tihanyi（2016）"Understanding and tackling societal grand challenges through management research," *Academy of Management Journal*, Vol.59 No.6, pp.1880-1895.

Hitt, M.A., R.D. Ireland and R.E. Hoskisson（2019）*Strategic Management: Competitiveness & Globalization*, Concepts & Cases, 13th ed., Cengage Learning, Inc.（高木俊雄, 星和樹監訳（2021）『戦略経営論　第3版』パンローリング。）

Johnson, G., A. Langley, L. Melin and R. Whittington（eds.）（2007）*Strategy as Practice: Research Directions and Resources*, Cambridge University Press.（高橋正泰監訳，宇田川元一，高井俊次，間嶋崇，歌代豊訳（2012）『実践としての戦略：新たなパースペクティブの展開』文眞堂。）

Martin, S.R., S. Côté and T. Woodruff（2016）"Echoes of our upbringing: How growing up wealthy or poor relates to narcissism, leader behavior, and leader effectiveness," *Academy of Management Journal*, Vol.59 No.6, pp.2157-2177.

McDonald, R. and K.M. Eisenhardt（2020）"The new-market conundrum," *HBR*, May-June 2020.

Meyer, J.W. and B. Rowan（1977）"Institutionalized organizations: Formal structure as myth and ceremony," *American Journal of Sociology*, Vol.83 No.2, pp.340-363.

Ocasio, W.(1997）"Towards an attention-based view of the firm," *Strategic Management Journal*, Vol.18, pp.187-206.

Porter, M.E.（1980）*Competitive Strategy: Techniques for Analyzing Industries and Competitors*, New York, The Free Press.（土岐坤, 中辻萬治, 服部照夫訳（1995）『［新訂］競争の戦略』ダイヤモンド社。）

Prahalad, C.K. and V. Ramaswamy（2004）"Co-creation experiences: The next practice in value creation," *Journal of Interactive Marketing*, Vol.18 No.3, pp.5-14.

Schatzki, T.R.（2001）Introduction: Practice theory, in Cetina, K.K., T.R. Schatzki and E. von Savigny（eds.）*The Practice Turn in Contemporary Theory*, London, Routledge, pp.1-14.

Schumpeter, J.A.（1961）*The Theory of Economic Development*, New York, Oxford University Press.（塩野谷祐一, 中山伊知郎, 東畑精一訳（1977）『経済発展の理論』上下巻, 岩波文庫。）

Wang, H., L. Tong, R. Takeuchi and G. George（2016）"Corporate social responsibility: An overview and new research directions," *Academy of Management Journal*, Vol.59 No.2, pp.534-544.

外務省（2019a）「ミレニアム開発目標（MDGs）」https://www.mofa.go.jp/mofaj/gaiko/oda/doukou/mdgs.html（2021年2月19日最終アクセス）。

外務省（2019b）「『持続可能な開発目標』（SDGs）について」https://www.mofa.go.jp/mofaj/gaiko/oda/sdgs/pdf/about_sdgs_summary.pdf（2019年8月28日最終アクセス）。

佐藤郁哉, 山田真茂留（2004）『制度と文化―組織を動かす見えない力』日本経済新聞出版。

鈴村美代子（2021）「SDGsの戦略的側面とパートナーシップ」『公益学研究』No.21,

pp.1-7。

高木俊雄（2013）「「戦略」概念の正当化と戦略論の規範喪失のアンビバレンス」『沖縄大学法経学部紀要』No.20, pp.1-8。

第 4 章
SDGsとESG評価・投資

本章とSDGsとの関わり

　本章では，SDGsの目標すべてに，ESG評価・投資が関わることを確認する。

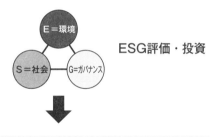

ESG評価・投資

1 はじめに

　本章では，「SDGs」と関連した用語である「ESG」という概念について解説する。第2節では，ESG評価・投資とは何か，第3節では，SDGsとESGの関係について解説する。次に，第4節では，SDGs達成のための手段としてのESG評価・投資の有効性に関する過去の実例，研究結果について展望する。最後に，第5節において，ESG投資の有効性についての新たな視点，および，企業のみならず一般の人々に対するSDGs達成に関する示唆について提示する。

2 ESG評価，ESG投資とは

図表4-1　ESG評価，ESG投資とは

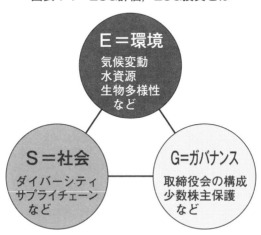

出所：GPIFウェブサイト。

　ESG投資は，従来の財務情報だけでなく，環境（Environment）・社会（Social）・ガバナンス（Governance）要素も考慮した投資のことを指す。このESGという概念は，2006年当時の国際連合事務総長であったコフィー・アナン氏が，UNPRI（国連責任投資原則）に盛り込んだことが始まりである。PRIは，投資家や金融機関向けの期待として発せられたものであり，企業や団体に対する呼びかけではなかった。その時点よりかなり以前から，世界の環境・社会問題への取り組みは強まっていたが，より効率的な問題解決のために，企業に対する民間の資金提供者の意識，投資判断を変えることを通じて，資金提供を受ける企業を変えていくことを目指したものである。具体的には，投資家や金融機関がESGの観点で投融資を行うことによって，環境・社会面でよりよい企業や事業により多くの資金が提供されるようにし，一方で，悪影響を及ぼす企業には資金が集まらないようにすることを目指したものである。

　伝統的には，企業は，借入を利息・元金ともに確実に返済し，株主への配当・株価を高めることによって，投資家から提供された資金の価値を最大化することが唯一の目的と考えられてきた。現在のESGの考え方に含まれる，環境・社会面に配慮したお金の使い方を実行するのは，その最大化された価値を基に資金提供者が行うことであり，企業がそれを行うことは，収益機会を逃す可能性があり，受託者責任に反しているといった考えもあった。しかし，PRIに賛同する投資家が増え，実績も出てきたことで，ESGの概念を積極的に投資判断に活かすことが必要という考え方に変わってきたのが現状である。

　2008年のリーマン・ショック後に資本市場で短期的な利益追求に対する批判が高まったこともUNPRIの署名機関増加につながった。2019年3月末時点で2,400近い年金基金や運用会社などがUNPRIに署名しており，年金基金などアセットオーナーの署名は432にのぼり，その運用資産残高の合計は20兆ドル以上（約2,200兆円）に達している（PRI brochure 2020）。日本では，2015年に，年金を運用する世界最大レベルの機関投資家GPIF（年金積立金

管理運用独立行政法人）がUNPRIに署名したことで，注目度は一気に高まった。

　世界の機関投資家がUNPRIを意識するようになり，日本国内でも，大手の機関投資家であるGPIFなどが，ESGの観点に基づく投資，いわゆるESG投資を行っている。その結果，ESGは，企業を客観的に評価する指標になり，「ESG評価」という概念が生まれ，世界の名だたる機関投資家や調査機関がESG投資に関するレポートを毎年公開している。しかし，2019年現在，明確なESG投資の手法は確立されていない。ここで問題となっているのが，「投資家は，企業が実際にESGが考慮された事業活動をしているのかをどのように判断すればよいのか？」という点である。また，評価される企業側も「どうやって投資家に説明したらよいのかわからない」のが現状である。このことの原因として，日本においても財務情報だけでなく，ESGに関係する非財務情報も掲載した統合報告書をつくる企業が増えてきているものの，この非財務情報の多さが，客観的な評価を難しくしていることが挙げられる。現状，行われている対策として，企業以外の，第三者の調査報告書を並行利用したり，企業と投資家が直接対話する機会を設けることも，ESG投資において重要視されている。特に大株主である機関投資家は，紙面上の説明だけでなく，企業から直接経営状態を聞く，「エンゲージメント」と呼ばれる作業を行うことによって，本当にESGに配慮した経営を行っているか判断できるのではないかと筆者は考えている。

　このような機関投資家の積極的な姿勢は，ESG評価・投資が，機関投資家に資金を提供している顧客に対する受託者責任を果たすことができる投資手法として位置づけられるようになったことを背景としている。GPIFにとってのESG投資も，「年金事業の運営の安定に資するよう，専ら被保険者の利益のため，長期的な観点から，年金財政上必要な利回りを最低限のリスクで確保することを目標とする」というGPIFの投資原則に沿い，受託者責任を果たすことができる投資手法として位置づけられている（GPIFウェブサイト）。

　企業は，利益だけを追求するのではなく，ESGを考慮しない限り，長期的

な事業活動ができないとも考えられる。ESGを考慮しない企業活動の日本に
おけるよく知られた例として，古くは，日本の高度経済成長期に起こった四
大公害病に代表される公害が挙げられる。企業が利益を追い求めること自体
は問題ではないが，その過程で周辺の人々・環境に大きな危害を与えた結果，
その責任を追及され，結果的に加害企業が大きな損失を被った実例は，すで
に多く確認されている。また，最近の例としては，「ブラック企業」と呼ば
れる企業群の存在がある。それらの企業群が，四大公害病を起こした企業群
と同じように，将来，その責任を追及され，大きな代償を払うことになるか
どうかは，まだ実証されていない。しかし，ここで気をつけなければいけな
いことは，ESGを考慮しない企業活動をした結果としての大きな損失は，企
業だけではなく，企業に資金提供をした投資家にも及ぶことである。このこ
とから，ESG投資は，対象企業だけでなく投資家にとっても，リスクを管理
しながら長期的なリターンを得るために不可欠な戦略として注目されている。

3 SDGsとESGの関係

　SDGsの大きな特徴は，民間企業を国際社会に共通する環境・社会問題の
解決を担う主体として位置づけている点にあり，日本企業の間でも，SDGs
が設定する目標を経営戦略に取り込み，事業機会として活かす動きが広がっ
ている。GPIFが東証一部上場企業を対象に2019年1月から2月にかけて実
施したアンケート調査では，「SDGsへの取り組みを始めている」と回答した
企業が45％，「SDGsへの取り組みを検討中」と答えた企業は39％を占めた。
SDGsに賛同する企業が17の項目のうち自社にふさわしいものを事業活動と
して取り込むことによって，企業と社会の「共通価値の創造」（CSV：
Creating Shared Value）が可能となる。その取り組みによって企業価値が
持続的に向上すれば，GPIFをはじめとする，企業への投資家にとっては長
期的な投資リターンの拡大が期待される。したがって，GPIFによるESG投

資と，投資先企業のSDGsへの取り組みは，表裏の関係にあると捉えられる。
ここで，SDGsとESG投資の関係について，GPIFは以下の**図表4-2**のイラストによって明示している。

図表4-2　GPIFが示すESG投資とSDGsの関係

出所：GPIFウェブサイト。

　図表4-2に基づいて「SDGs」と「ESG」の関係を簡潔にまとめると，企業が本当にSDGsに取り組んでいるのかについての評価基準としてESGがあるといえる。したがって，「SDGsに積極的に取り組んでいる企業」＝「ESGが考慮された企業活動を行っている」と捉えられることになる。そのような企業に，投資家が優先的に投資（ESG投資）し，資金提供を行うことによって，企業はよりSDGsに基づいた事業活動に持続的に取り組めるようになり，最終的には，投資家は長期的なリターンを目指すのが，長期的な投資戦略ということになる。金融庁が2018年6月に公表した『金融行政とSDGs』という文書では，「SDGs推進のために各経済主体や金融市場における経済合理性が

歪められることは適切でない」とされている。これは，SDGsの考慮は必要としているものの，「中長期的な投融資リターンや企業価値の向上」を阻害することは許されないことを明示している。

　また，別の解釈として，SDGsという目標達成に向けた問題解決の枠組みがESGであるともいえる。SDGsの17の目標を「E」「S」「G」のそれぞれの枠組みに関係づけると，すべて「E」「S」のいずれかに分類できる。つまり，「E」「S」は，SDGsにかなった目標設定の枠組みであるのに対して，「G」は，その目標を効率的に達成するための企業内部の仕組みということになる。例えば，自動車を製造・販売する活動について，「E」「S」「G」それぞれの観点で見直してみる。「E（環境）」の観点によれば，例えば「自動車の原材料・完成品の排出物・廃車が環境に悪影響を及ぼさないか」といった問題が生まれるであろう。「S（社会）」の観点によれば，例えば「製造・販売を行う労働環境が，良質な自動車を持続的に製造・販売するにあたって適切かどうか」といった問題が生まれるであろう。最後に，「G（企業統治）」の観点によれば，例えば「上記2つの問題に対して，適切に対応するための意思決定が効率的に行われるか」といったことが重要になる。

4 ESG投資の有効性

　前出のように，金融庁は，SDGsの考慮は必要としているものの，「中長期的な投融資リターンや企業価値の向上」を阻害することは許されないという考えを明示している。これは，受託者責任を負う機関投資家にとっても重要な考えである。

　ESG投資においては，ESGをマネジメントの質，顧客基盤，ブランドなどと同様の無形資産と捉え，「無形資産としてのESG価値」を高めることが企業価値の最大化につながるとも考えられている。結論からいえば，ESG投資の歴史が浅いこともありESGとリターンの関係は明確ではないものの，ESG

のリスク管理が優れている企業は，資本コストが低く，ボラティリティも低いのではないかとする仮説に基づく研究事例が蓄積されている。

4.1 ESG投資の手法

　GSIA（世界責任投資ネットワーク）の定義によれば，ESG投資は主に下記の7つのアプローチに分類される。

①ネガティブ・スクリーニング

　ESGの観点で問題のある企業を投資対象から除外する。

②ポジティブ・スクリーニング

　ESG評価の高い企業のみに投資する。あるいは，保有資産における投資比率を高める。

③規範に基づくネガティブ・スクリーニング

　UNGC（国連グローバル・コンパクト）などの，国際的な規範に反する企業を投資対象から除外する。

④インテグレーション

　ビジネス・モデルや財務指標に対する分析と並行して，ESG評価も投資意思決定に盛り込む。

⑤エンゲージメント

　投資先企業との対話や議決権行使等を通じて，ESGへの取り組みを促すなど，企業行動に影響を与える。

⑥テーマ投資

　持続可能性に関する特定のテーマ（気候変動・食料・農業・水資源・エネルギーなど）に投資する。

⑦インパクト投資

　社会問題や環境問題に対して，地域開発プロジェクトやマイクロファイナンスなどを通じて，より直接的な解決を目指す。

4.2　ESG投資の規模

　Global Sustainable Investment Review 2018に基づけば，国際的な動向は**図表4-3**の通りである（GSIA, 2018）。これらの資料は，ESG投資のことをSustainable Investing Assets，つまり，持続性投資（資産）と表現している。

図表4-3　各国のSustainable Investing Assets市場の成長（2014年から2018年）

	2014	2016	2018	Growth Per Period		Compound Annual Growth Rate (CAGR) 2014-2018
				Growth 2014-2016	Growth 2016-2018	
Europe	€ 9,885	€ 11,045	€ 12,306	12%	11%	6%
United States	$ 6,572	$ 8,723	$ 11,995	33%	38%	16%
Canada (in CAD)	$ 1,011	$ 1,505	$ 2,132	49%	42%	21%
Australia/New Zealand (in AUD)	$ 203	$ 707	$ 1,033	248%	46%	50%
Japan	¥ 840	¥57,056	¥231,952	6692%	307%	308%

Note: Asset values are expressed in billions. All 2018 assets in this report are as of 12/31/17, except for Japan, whose assets are as of 3/31/18.

出所：GSIA（2018: 8）.

　図表4-3によれば，持続性投資市場は，国際的に成長しており，提示された期間中，最も成長率が高かったのは，300％以上の成長率を示した日本であった。アメリカにおける成長率は，前半の2年間より後半の2年間の方が少し加速し，それ以外の地域では，減速している。

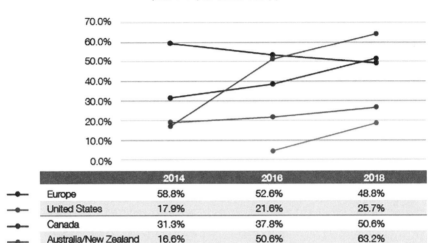

図表4-4　各国のSustainable Investing Assetsへの投資比率
（2014年から2018年）

	2014	2016	2018
Europe	58.8%	52.6%	48.8%
United States	17.9%	21.6%	25.7%
Canada	31.3%	37.8%	50.6%
Australia/New Zealand	16.6%	50.6%	63.2%
Japan		3.4%	18.3%

Note: In 2014, data for Japan was combined with the rest of Asia, so this information is not available.

出所：GSIA（2018: 9）.

　持続性投資市場の他の投資対象と比較した場合の投資比率は，世界的に上昇しており，責任投資資産（responsible investing assets）への投資は，専門的運用機関による運用資産の多くの割合を占めるに至っている。ただ，例外的な傾向を示しているのが，ヨーロッパであり，2014年以降，低下傾向にある。ただし，これは，持続性投資の基準・定義をより厳格化したことによるものである。

4.3　GPIFによるESG投資

　GPIFは株式を直接保有せず，外部の運用会社を通じて投資しているため，GPIFから運用を受託する金融機関にESGを考慮して投資するよう求めている。特に，運用機関が重大なESG課題だと認識する項目については，投資先企業

と積極的に「建設的な対話」（エンゲージメント）を行うよう促している。GPIFの動きは，GPIFの資産運用を受託している運用機関のみならず，他の運用機関，共済年金や企業年金など，他の年金にも影響を与える可能性が高い。

　GPIFは2016年秋からESG運用のベンチマーク指数に関する調査を行い，複数のESG指数を選定し，それに連動するパッシブ運用を開始したことを2017年7月3日に公表した。それによると，企業が公開する情報などを基にESGへの取り組みをみて銘柄を組み入れる株価指数を5つ（総合型2つ，特定のテーマ型3つ）採用し，それぞれの指数に連動するパッシブ運用を開始した。GPIFが採用しているESG指数は，指数会社がESGの観点から設けた基準に沿って評価が高かった銘柄を組み入れたり，組み入れ比率を高める「ポジティブ・スクリーニング」を用いている。GPIFは指数会社に組入銘柄の採用基準を公開するよう要請しており，それが企業側の情報開示を促し，ひいては国内外の株式市場全体の価値向上につながる効果を期待している。

図表4-5　GPIFが採用しているESG指数

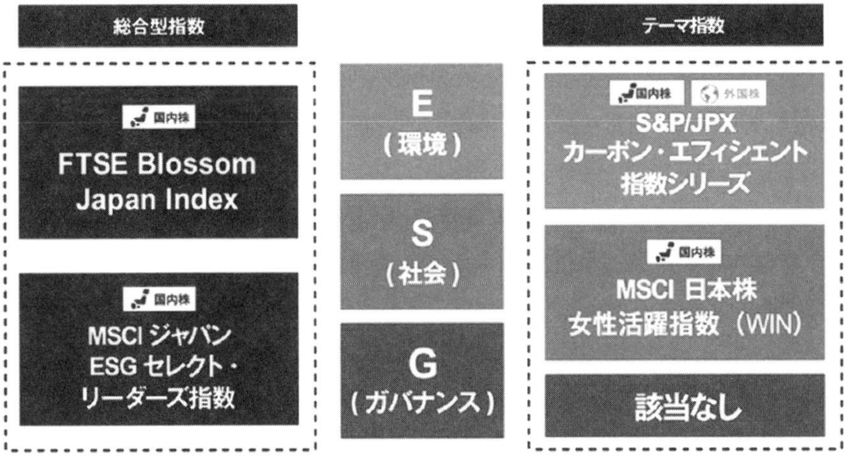

出所：GPIFウェブサイト。

図表4-6　GPIFが採用しているESG指数の主な特徴

	FTSE Blossom Japan Index	MSCIジャパンESGセレクト・リーダーズ指数	MSCI日本株女性活躍指数（愛称「WIN」）	S&P/JPXカーボン・エフィシェント指数	S&Pグローバル大中型株カーボン・エフィシェント指数（除く日本）
指数のコンセプト	・世界でも有数の歴史を持つFTSEのESG指数シリーズ、FTSE4Good Japan IndexのESG評価スキームを用いて評価。 ・ESG評価の絶対評価が高い銘柄をスクリーニングし、最後に業種ウエイトを中立化したESG総合型指数。	・世界で1,000社以上が利用するMSCIのESGリサーチに基づいて構築し、様々なESGリスクを包括的に市場ポートフォリオに反映したESG総合型指数。 ・業種内でESG評価が相対的に高い銘柄を組み入れ。	・女性活躍推進法により開示される女性雇用に関するデータに基づき、多面的な性別多様性スコアを算出、各業種から同スコアの高い企業を選別して指数を構築。 ・当該分野で多面的な評価を行った初の指数。	・環境評価のパイオニア的存在であるTrucostによる炭素排出量データをもとに、世界最大級の独立系指数会社であるS&Pダウ・ジョーンズ・インデックスが指数を構築。 ・同業種内で炭素効率性が高い（温室効果ガス排出量/売上高が低い）企業、温室効果ガス排出に関する情報開示を行っている企業の投資ウエイト（比重）を高めた指数。	
対象	国内株	国内株	国内株	国内株	外国株
指数組入候補（親指数）	FTSE JAPAN INDEX（509銘柄）	MSCI JAPAN IMI TOP 700（700銘柄）	MSCI JAPAN IMI TOP 700（700銘柄）	TOPIX（2,164銘柄）	S&P Global Large Mid Index（ex JP）（2,896銘柄）
指数構成銘柄数	181	248	305	1,725	2,037
運用資産額（億円）	9,314	13,061	7,978	9,802	17,106

出所：GPIF（2020: 18）。

　GPIFはこれらの指数に連動した長期的な投資戦略を取っているが，その運用成果は，図表4-7の通りである。

図表4-7　GPIFが採用したESG指数の収益率

	2019年4月～2020年3月					2017年4月～2020年3月（年率換算後）				
	指数収益率			超過収益率		指数収益率			超過収益率	
	(a)	(b)	(c)	(a-b)	(a-c)	(x)	(y)	(z)	(x-y)	(x-z)
	当該指数	親指数	TOPIX	親指数	TOPIX	当該指数	親指数	TOPIX	親指数	TOPIX
①MSCI ジャパンESGセレクト・リーダーズ指数	-3.39%	-9.28%	-9.50%	5.89%	6.11%	2.24%	0.09%	-0.14%	2.15%	2.38%
②MSCI 日本株女性活躍指数	-4.78%	-9.09%	-9.50%	4.32%	4.73%	1.99%	0.17%	-0.14%	1.82%	2.13%
③FTSE Blossom Japan Index	-6.96%	-9.18%	-9.50%	2.22%	2.55%	0.15%	0.08%	-0.14%	0.07%	0.29%
④S&P/JPX カーボン・エフィシェント指数	-9.20%	-9.50%	-9.50%	0.30%	0.30%	0.10%	-0.14%	-0.14%	0.24%	0.24%
	当該指数	親指数	MSCI ACWI除く日本	親指数	MSCI ACWI除く日本	当該指数	親指数	MSCI ACWI除く日本	対親指数	MSCI ACWI除く日本
⑤S&Pグローバル・カーボン・エフィシェント大中型株指数（除く日本）	-12.81%	-13.11%	-13.40%	0.30%	0.59%	1.28%	1.13%	0.92%	0.15%	0.36%

注1：指数収益率は配当込みの収益率。収益率の算出期間とGPIFが実際に運用した期間は異なる。
注2：①の親指数（指数組入候補）はMSCIジャパンIMIのうち時価総額上位700銘柄（2018年12月より上位500銘柄から変更）
　　②の親指数（指数組入候補）はMSCIジャパンIMIのうち時価総額上位500銘柄
　　③の親指数（指数組入候補）はFTSE JAPAN INDEX
　　④の親指数（指数組入候補）はTOPIX
　　⑤の親指数（指数組入候補）はS&P 大中型株指数（除く日本）
出所：GPIF（2020: 35）。

　また，東証一部全体の収益率に対する相対的な比較評価を示したのが，**図表4-8**である。

図表4-8　ESG指数のTOPIXに対する相対価格

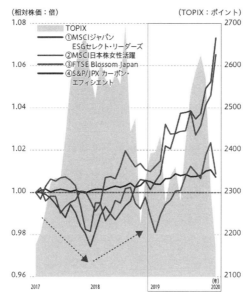

注　：2017年3月末時点の相対株価を1としたもの。
出所：GPIF（2020: 36）。

　これらの数値に基づく限り，結果として，2017年以降，TOPIXを上回る収益率，つまり，東証一部全体よりも高い収益率を上げていることがわかる。

4.4　ESG投資による収益率に対する実証分析

　GPIFの運用実績に基づく限り，ESG投資の有効性が確認されたが，多くの実例に基づく実証分析の成果についても展望する。
　実証分析の手法としては，公開されている「ESGスコア」による企業価値

や財務状況に対する影響を分析するのが主流である。

ESGスコアは次の2種類がある。

①開示スコア

開示・非開示も含めて，ESG活動に関する開示度合いをスコアリング

例：BloombergによるESG開示スコア

②パフォーマンス・スコア

開示されたESG情報に基づいてESG活動をスコアリング

例：MSCI ESG Rating

ESGスコアによる企業価値や財務状況に対する影響として，検証される仮説には，主に次の3種類がある。

①資本コスト（リスクを表す）の下落＝企業価値の上昇

②PBR（時価総額／簿価自己資本）の上昇＝株式価値の増加

③トービンのQ（企業価値／簿価総資本）の上昇＝企業価値の増加

開示スコアによる影響としては，正負双方の可能性が考えられる。

「積極的な開示によって投資による利益にマイナスの影響があるとする根拠」

・伝統的なポートフォリオ理論によれば，アクティブ運用，つまり，特定の銘柄に投資する運用手法は，市場平均に対して，継続的な超過リターンは得られない。

・各企業によるESG情報開示コストや投資家によるスクリーニングコストの負担が，低パフォーマンスにつながる。

「積極的な開示によって投資による利益にプラスの影響があるとする根拠」

・情報の非対称性の緩和。

・ESG情報開示に積極的な企業とは，高い経営能力を持つ企業であり，高い投資パフォーマンスにつながる。

・ESG情報開示に積極的な企業とは，長期的な収益向上につながるESG活動を行っている企業と考えられる。

　実証分析の結果として，海外においては，以下など，投資利益に対してプラスになるとする結果が得られている。

「英国企業350社について，Bloombergの開示スコアとQとは正の相関関係がある。」（Li et al., 2018）

「CSR情報開示の促進は，情報の非対称性の緩和を通じて，資本コストを低減させている。」（Dhaliwal et al., 2011）

「Bloombergの開示スコア1ポイント当たり，株式時価総額は260百万ドル上昇する。」（Gutsche et al., 2017）

　一方，日本においては，以下のように，はっきりした結果は得られていない。

「ESG情報開示に積極的な企業に対する投資パフォーマンスは，プラスともマイナスとも言えない。2017年についてのみ，ESG開示スコアが高い企業が，株式超過収益率はプラスである。これは，2017年以降のコーポレートガバナンス・コード及びスチュワードシップ・コード改訂に向けた動きを踏まえて，ESG銘柄に注目が集まり，活発に買われた可能性がある。」（湯山ら, 2019）

　次に，パフォーマンス・スコアに基づく実証分析の成果について展望する

と，海外においては，以下がある。

　「ESG活動と企業業績との相関を検証した，1970年代以降の2,000本以上の学術論文の成果をまとめており，48.2％の分析で正の相関　10.7％が負の相関　23.0％が中立的　18.0％が結論未定（mixed）である。E，S，Gの各分野で分けてみた場合，結果に差は無いが，Eに関しては58.7％が正（4.3％が負），Sに関しては55.1％が正（5.1％が負），Gに関しては62.3％が正（9.2％が負）であった。Gについては，比較的，企業業績への貢献が期待できるのではないか。」（Friede et al., 2015）

　国内においては，以下の通りであり，国内外ともに，学術的には一致した見解が得られておらず，検証事例の蓄積段階にある。

　「ESG評価が高いことによるベータ値への影響
　ベータ値低下＝資本コスト低下＝企業価値上昇
を確認しており，結果として，「E」「S」については，低下したとは確認されなかったが，「G」については低下が確認された。ガバナンス（G）・ファクターの有効性の理由については，2014年から公表されているJPX日経400インデックスや2015年に金融庁と東京証券取引所によって導入されたコーポレートガバナンス・コードなどが，企業のコーポレート・ガバナンスに関する情報開示を促進し，その重要性が市場に浸透し，評価されるようになったためではないか。一方，環境（E），社会（S）については，企業のディスクロージャーが不十分であり，市場において評価されるに至っていないのではないか。」（河西, 2015）

おわりに

　イギリスの経済学者アルフレッド・マーシャルは，「外部経済」「外部不経済」という概念を提示した。これらの概念は，市場の取引によって，市場の外部に生まれる利益・不利益を意味する。例えば，新しい鉄道が開通することによって沿線住民が得られる利益は，交通が便利になるという（市場取引による）直接的なものだけでなく，土地の値段の上昇による資産価値の増加もありえる。これは外部経済の例である。その一方，人口が増えることによるゴミの増加，騒音に悩まされる可能性もある。これは外部不経済の例である。ESGを重視した経営とは，直接的な便益だけでなく，この外部経済も目指した経営という捉え方もできる。したがって，前節で展望した，ESG投資による利益は，投資対象となった企業が上げる直接的な収益だけでなく，他の企業，あるいは個人が受けることのできる「外部経済」も含むため，それを客観的に確認する作業は非常に難しいといえる。

　ここで本章のまとめとして，2点を挙げておく。

　1つ目は，ESGを重視した活動による利益は，それを行った企業以外にも広くもたらされるわけであるから，「ただ乗り」の誘惑があることである。例えば，ある企業が，水を汚さないように多くの労力や費用をかけたとしても，きれいな水による便益は，費用をかけていない他の企業も受けることができる。このとき，後者の立場に立とうとする誘惑が存在するが，前者の立場よりも後者の立場（「ただ乗り」）の企業が多くなると，きれいな水は失われる。2018年の中頃には企業や団体がSDGsに言及しているものの実態を伴わない状況を指す「SDGsウォッシュ」という単語が生まれ，上辺だけのSDGs準拠が問題として認識され始めた。

　2つ目として，ここまでは，SDGsとESGの関係性を企業と投資家の視点で述べてきたが，一般の個人（家計）も無関係ではない。SDGsは，地球上

にいるすべての人々に課せられた目標であり，SDGs達成に向けて，個人も含めて，ESGを重視した行動を行い，具体的に貢献していくことが可能であり，必要である。身近な例としては，電気をこまめに消すという些細な行動1つ取っても，SDGsの目標7「エネルギーをみんなにそしてクリーンに」に十分貢献している。また，ある程度の貯蓄があれば，日本でも徐々に市場が拡大しているグリーンボンドやソーシャルボンドに投資することもできる。グリーンボンドとは，気候変動・水・生物多様性対策など，環境に好影響を及ぼす事業活動に資金使途を限定した債券のことである。ソーシャルボンドは，グリーンボンド市場の拡大とともに登場した金融商品で福祉，教育，交通，住宅など社会課題解決型の活動のための資金使途を前提としている。ICMA（国際資本市場協会）は，グリーンボンド，ソーシャルボンドに関する，資金使途とSDGsとの関連性をまとめた文書を公表している。

参考文献

Dhaliwal, D.S., O.Z. Li,, A. Tsang and Y.G. Yang（2011）"Voluntary Nonfinancial Disclosure and the Cost of Equity Capital: The Initiation of Corporate Social Responsibility Reporting," *The Accounting Review*, Vol.86 No.1, pp.59-100.

Friede, G., T. Busch and A. Bassen（2015）"ESG and financial performance: aggregated evidence from more than 2000 empirical studies," *Journal of Sustainable Finance & Investment*, Vol.5 No.4, pp.210-233.

Global Sustainable Investment Alliance（2018）"Global Sustainable Investment Review 2018," http://www.gsi-alliance.org/wp-content/uploads/2019/03/GSIR_Review2018.3.28.pdf（2021年7月11日最終アクセス）.

Governmental Pension Investment Fund ウェブサイト, https://www.gpif.go.jp/investment/esg/（2021年7月11日最終アクセス）.

Governmental Pension Investment Fund（2020）『2019年度ESG活動報告』https://www.gpif.go.jp/investment/GPIF_ESGReport_FY2019_J.pdf（2021年7月11日最終アクセス）.

Gutsche, R., J.F. Schulz and M. Gratwohl（2017）"Firm-Value effects of CSR disclosure and CSR performance," *Indonesian Journal of Sustainability Accounting and Management*, Vol.1 No.2, pp.80-89.

Li, Y., M. Gong, X. Zhang and L. Koh（2018）"The impact of environmental, social, and governance disclosure on firm value: The role of CEO power," *The British Accounting Review*, Vol.50 No.1, pp.60-75.

河西聡（2015）「ディスクロージャーが株主資本コストに与える影響」日本取引所グループ・加藤研究会資料。

湯山智教，白須洋子，森平爽一郎（2019）「ESG開示スコアとパフォーマンス」『証券アナリストジャーナル』2019年10月号, pp.72-83。

第 **5** 章
SDGs実現のための
従業員の健康経営と情報開示

本章とSDGsとの関わり

本章は，目標3「すべての人に健康と福祉を」と目標8「働きがいも経済成長も」に関係する。

1 はじめに

　SDGsは地球の持続的発展を実現させるために，17の目標を挙げている。その中で，目標3「すべての人に健康と福祉を」，目標8「働きがいも経済成長も」という目標を明記している。現在日本において，従業員の健康を自社の経営管理目標の1つとして真剣に対応する企業が増えている。その背景には人的資本リスクに対する強い危機感と企業の社会的責任の認識の変化がある。「企業は人なり」といわれ，「人間こそ我々の最も重要な資産」と多くの企業が主張している一方，日本が人口の高齢化に直面している中，労働人口は減少しつつあり，健康な労働人材の確保は企業の持続的な発展を実現するために重要な課題である。また，ESG投資[1]（4章参照）の拡大によって，SDGsを行動指針としているかによって企業が選別される動きが広がり，健康経営も企業を評価する1つのポイントとなっている。本章はなぜ従業員の健康経営はSDGsの目標を実現するための重要な手段の1つとなっているか，健康経営の取り組み上重要な点，健康経営の可視化と情報開示の必要性を説明する。

2 人的資本の要素としての健康資本

　健康とは，「病気でないとか，弱っていないということではなく，肉体的にも，精神的にも，そして社会的にも，すべてが満たされた状態にあること」である[2]。企業が従業員の健康を重要な戦略的問題として認識したのはこの数年のことであり，人的資本と企業の価値創出に対する認識の変化に伴うことである。人的資本の概念は古くからあったが，最も早くこの概念を定義し，測定したのはおそらく17世紀イギリスの経済学者ウィリアム・ペティ（Sir

William Petty）であろう（Folloni and Vittadini, 2010）。彼は労働力を1つの重要な資本として，その価値は国の富に含まれるべきであると主張している。1980年代から，人的資本は企業の価値創出のドライバーとなる知的資本の1つとして知られる。その中身は300年前と比べ，大きく変わっている。この人的資本は労働力より，新たな知識を創出するための従業員の知識，専門知識，スキル，経験，能力，忠誠心，モチベーションなどの要素から構成されると認識された。90年代の中期以後，従業員の健康，仕事にコミットする態度と情熱，さらに人権やダイバーシティも人的資本の重要な側面となっていた（Becker, 1993; Bontis et al., 1999）。様々な構成要素の中で，近年健康が注目されるようになったのには，2つの要因がある。1つ目は健康リスクによる企業の生産性の低下と経済価値の毀損である。もう1つは経済価値のみならず，様々な利害関係者に係る社会価値とのバランスを考慮した持続的な発展にも，従業員の健康が重要ということである。以下それぞれを説明する。

2.1 健康リスクと企業や国の経済的損失

　健康は従業員能力の発揮や，仕事に対するコミットメントの前提条件となるものであり，健康資本とも呼ばれている。従業員が健康でなければ，企業のパフォーマンスも低下し，持続的な経済価値の創出は不可能である。健康リスクによる経済的損失に関する研究が日欧米で行われていた。アメリカにおける先行研究によれば，健康に関連する企業の総コストのうち，医療費や薬剤費などの直接費用は24％を占めるに過ぎず，生産性の損失（間接費用）が4分の3を占める（Edington and Burton, 2003）[3]。在日アメリカ商工会議所（ACCJ）が2011年に，日本における疾病に起因する経済的損失額を初めて総合的に算出し，慢性的疼痛と精神疾患が日本人の労働生産性に大きなマイナスの影響を及ぼしていることも明らかにした。アクサ生命保険は2015年中小企業の経営者を対象に調査を行い，従業員の体調不良が経営に影響を

与えたと感じたことがあるかについて，58％の社長はあると答えた[4]。

　健康リスクと生産性の研究では，特にアブセンティズム（Absenteeism）とプレゼンティズム（Presenteeism）といった現象が注目されている。前者は従業員の体調不良による欠勤を意味し，後者は何らかの疾患や症状を抱えながら出勤しても，業務遂行能力や生産性が低下している状態を指している。前者は目につきやすいのに対して，後者は生産性に対する影響がより大きいが意識されない企業が多い。アメリカのダウ・ケミカル社では1万人の社員を対象に慢性疾患による仕事への影響を調査して，その結果，全社員の就労時間の約20％で，パフォーマンスの低下があったことがわかった。生活習慣病だけでなく，花粉症，腰痛，風邪などでもプレゼンティズムは大きくなる。花粉症は年間5,000ドルもの生産性の損失となっている。

　また，**図表5-1**で示したように，11個の健康リスク要因の中，多くの健康リスク要因を持つ従業員のアブセンティズムとプレゼンティズムの両方が高い。

図表5-1　健康リスクと生産性

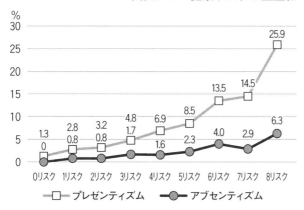

出所：Boles et al.（2004）．

　さらに，健康リスクの中で，糖尿病によるアブセンティズムとストレスの状態でのプレゼンティズムの確率[5]が最も大きく，運動不足の従業員は，そ

うでない従業員に比べ，アブセンティズムとプレゼンティズムの両方の可能性が高いなどとしたアメリカの研究結果がある。日本でも，横浜市と協働で実施した2017年度フィールド調査により，中小企業における従業員の健康リスクとアブセンティズム，プレゼンティズムとの間に有意な相関も認められた（古井ら，2018）。また，メンタルヘルス不調による休職者（アブセンティズム）は社員の１％程度であるが，休職していないがメンタル不調の状態のまま働いている社員（プレゼンティズム）による生産性悪化が影響している可能性があると指摘されている（山本・黒田，2014）。以上のように，従業員の健康リスクは直接的・間接的経済損失をもたらし，企業の経済的価値の創出に不利な影響を与える要因となる。

2.2 「経済価値」と「社会価値」を両立する健康経営

　従業員の健康は経済価値の創出に不可欠な要素であるのみならず，企業の社会価値の創出にも重要である。実は人的資本の理論と実践の発展には，価値に対する認識の変化がうかがわれる。従来の人的資本に関して，２つの基本的考え方がある。1つ目は，「人を通じて利益」という経済的な視点であり，人的資本管理[6]がいかに経済的価値を創出するかに焦点が置かれる。もう1つは「人々とともに利益」という福祉指向の視点であり，人的資本管理はいかに人々を幸せにするかという社会価値の創出を課題にしている。社会価値の創出のために，経済的利益を多少犠牲にしてもかまわないという考え方である。この２つの考えは対立的であり，多くの企業は経済的利益を重視し，健康や福祉に対する投資をコストと考え，法律などによって規制されている部分を除き（例えば職場安全対策），積極的に行わなかった。実証研究も人的資本と経済的価値の関連性の検証に重きを置いている。持続的価値創出の概念はこのような対立を緩和し，「人を通じて利益」と「人々とともに利益」の融合を示している。すなわち，従業員の健康に対する投資は短期的にコストを増加し，経済的利益を損なうことになるが，長期的には，企業の高い経

済的価値と成長をもたらすことができる。なぜならば，従業員の健康と福祉の改善によって彼らの働く能力と働く意欲が向上し，アブセンティズムとプレゼンティズムが改善され，従業員個人の業績アップのみならず，企業の生産性や革新力も高くなる。それによって，顧客や環境にやさしい使用価値の高い製品やサービスの提供ができ，企業に高い経済的利益や成長をもたらす。また，このような企業は求職者にとって魅力的であり，持続的発展に必要な人材を確保できる。このように，企業の経済的価値，顧客の使用価値と人々の健康と福祉という社会価値を1つのエコシステムに統一させ，持続的価値の創出を導き出すと考えられる。

　日本が現在直面している重要な社会課題の1つは，急激な高齢化と出生率の低下である。現在日本国民の4分の1が65歳以上であり，この割合は2036年までに33.3％に達すると予測されている[7]。人材不足のリスクが高まっている。一方，高齢者層が増加することによって，介護サービスや，糖尿病・認知症・心疾患やがん等の慢性疾患治療に対する治療需要が急激に増加する。ヘルスケア分野での公的負担が上昇し，社会保障制度を支える継続的な財源を確保するために，生産性の向上による企業の収益性向上が重要である。また，高齢者を労働力として活用を進めることは健康寿命の延長に不可欠である。健康に対する投資は国の最も重要な資源である国民にとって，生活の質が向上し，より長く，健康的で，生産性の高い人生を送る（社会価値）ための戦略的な投資といえ，健康経営は医療コストの過度な上昇を抑え，病気による欠勤や労働不能を低下させ，経済競争力を強化する（経済的価値）のに結びつく重要な手段ともいえる（ACCJ-EBC, 2017）。

3 企業の健康経営によるSDGs目標の実現

　健康経営の目標はSDGsの目標とも一致している。世界の企業や投資家を巻き込み，特にコロナ禍によって，その動きが加速している。SDGsを構成

する17のグローバル目標の目標3「すべての人に健康と福祉を」は，あらゆる年齢のすべての人の健康的な生活を確保し，福祉を推進することである。また，SDGsの目標8「働きがいも経済成長も」はすべての人のための継続的，包摂的かつ持続可能な経済成長，雇用および働きがいのある人間らしい仕事を推進すると定めている。SDGsは，生産性の向上と技術革新により，持続的な経済成長を促進することを狙いとしている。長期的な経済成長を継続していくためには，生産性を高めた産業の拡大が必要となるが，それとともに，その要となる労働者が獲得する収入や健康，教育，就業機会を平等にし，著しく不利な立場に置かれる人をなくすこと，そして人々が適切で継続的に営める生活を送れる環境をつくることが重要である[8]。このような国際社会全体の目標を推進するために，政府や個人の努力に加え，企業が積極的な役割を果たすことが求められている。

　実は，現在多くの企業はSDGsの実現に向けて，行動指針，ガバナンスや事業戦略などを見直し，努力をしている。その背景には，環境や社会課題への配慮を評価するESG投資の広がりがある。ESG投資家はSDGsへの貢献の観点から企業を選別し始め，その貢献は事業内容とマネジメントの両方から評価されるという。ESG投資の拡大は今までの資本主義に対する反省を踏まえたものである。従来，企業の目的は経済的利益の追求のみとされ，環境の破壊や社会の不公平を代価に経済の発展を遂行したが，現在その悪影響は徐々に出ており，結果としては，企業経営を取り込み環境の不確実性が増加し，金融リスクが拡大している。それを反省し，資本主義のあり方を見直し，経済的利益と社会，環境的利益のバランスを考慮した長期的な視点からの投資と企業経営が提唱されるようになった。投資者は，企業の長期的な財務的業績における人的資本の役割について認識が高まり，従業員の健康問題や幸福も重視するようになり，企業がこれらの問題に対してどのように対応しているかを評価することにもなっている。投資者以外の様々な利害関係者も，パンデミックにより健康と安全問題に強い関心を持つようになり，これらの問題への企業の対応に期待が高まっている。

それを受けて，企業側は行動しなければならない。イギリスのシンクタンクERMのサステナビリティ研究所が2020年にグローバル企業の健康安全問題の担当者にインタビュー調査を行い，インタビュー対象者の92%は，健康と安全に対する利害関係者の期待が今後3年間で増加し，健康と安全のパフォーマンスが業績にますます影響を与えると考えているという結果になった。健康と安全は持続的な発展に関わる戦略的経営課題になっている。日本政府の「SDGs実施指針」（2016年2月／SDGs推進本部決定）においても，「あらゆる人々の活躍の推進」，「健康・長寿の達成」を優先課題とし，健康経営を推進している。健康経営に取り組む企業が増加している。

4 健康経営の取り組み

　アクサ生命が2019年に5,303名の経営者に対して調査を行い，「健康経営」については，「内容を知っている」と答えた経営者が43.5%を超え，2016年の19%から倍増し，認知の高まりを示す結果となった。一方，「健康経営」に取り組んでいない経営者は，健康経営の内容がわからない，また進め方，取り組み方がわからないことを未着手の最も大きな原因の2つとしている。企業は健康経営を推進するために，それぞれが実状に合わせた取り組みを行うことになるが，共通して注意すべき点がある。

　まず，健康と健康経営についての認識である。従来の取り組みにおいては，法律などによって，企業が安全衛生管理部門や担当者を決め，安全衛生プログラムを作っている。これらの対策は仕事自体から生じる危険からの保護と，怪我や病気の予防の取り組みの促進に焦点を置く傾向があった。現在の健康経営は，より総合的な視点から健康を捉え，労働者の安全，健康と福祉を促進する統合された方針，プログラム，および慣行を求めている。例えば，アメリカ国立労働安全衛生研究所が「統合的労働者健康（Total Worker Health）」という概念を開発し，「仕事は健康の社会的決定要因であり，仕事

に関連する賃金，労働時間，仕事量，同僚や上司との交流，有給休暇へのアクセスなどの要因は，労働者，その家族，およびそのコミュニティの幸福に影響を与える。」ということも認識する必要があると主張している[9]。健康経営は職場の安全管理のみならず，仕事に関連する様々な部分を統合的に考慮することによって，従業員の健康と福祉を高めていくとともに，企業の組織活性化と生産性の向上を通じた企業価値の向上を求めることを意味している。日本の経済産業省は健康経営の推進にあたって，生活習慣の改善のみならず，労働時間の是正，社内のコミュニケーションの活性化，柔軟な労働形態など，働き方改革を含む対策を提唱している[10]。したがって，健康経営は単純な作業ではなく，企業ガバナンス，組織と文化の再構築に関わる総合的なプログラムとなっている。

　第2に，ガバナンスは，企業の目的と責任を規定する。企業が誰のためのものであるか，従業員に対する責任をどのように考えるかは健康経営をどこまで推進するかというインセンティブにつながる。株主第一主義のガバナンスとステークホルダーを重視するガバナンスとでは従業員の健康と福祉に対する考えが異なっている。健康経営を本格的に推進するためにガバナンスを再考する必要がある。また，トップダウンで健康と安全を人的資本戦略の中に取り込み，推進することがより有効である。経営のトップがどこまでコミットするかは健康経営の成功に重要なポイントである。経産省の健康経営度調査によると，経営トップが健康経営を行う上で責任を持つ企業の割合が2015年以来大幅に増加した[11]。さらに，サイロを壊し，部門の枠を超えたチームをつくり，組織内の人的資本の開発に貢献するすべての活動の全体像を提示する必要がある（Street et al., 2021）。このチームは単に実行部門として機能するのではなく，企業の戦略づくりや目標設定にも組み込まれ，各部門の間のコミュニケーションのチャンネルともなる。このチームに，安全・健康の専門家（例えば産業医，公認心理師など）を含むことが重要であり，専門知識と経験を戦略的に活用すれば，より効果的に人的資本管理を強化し，ESGパフォーマンスを向上させることができると考えられる。

第3に，健康経営は企業の経営者および従業員全員を対象とする必要がある。そのため，健康経営の意識が企業の価値観，行動方針に浸透し，従業員に思いやりのある文化を構築することが重要である。働く環境は経営体制，制度，物理的な職場環境のみならず，企業の文化や風土というソフトな環境も意味している。企業の価値観，風通し，リーダーシップスタイルなどは従業員のメンタルの健康や心理的幸福，企業に対するコミットメントに影響を与え，さらに欠勤と人員の定着，生産性にも影響を与える（Akerlind et al., 2007）。今回のパンデミックにより，従業員の働き方が劇的に変化し，企業の経営者は従業員の健康と福祉へのアプローチを再考するようになった。長期的な業績と企業の回復力を確保するためには，メンタルヘルスへの投資とマネジメント能力の向上が必要となり，健康経営の担当者は，脳科学，人間行動モデル，変更管理に目を向け，文化に影響を与え，文化を形成する方法を探している（Street et al., 2021）。

5 健康経営の可視化と情報開示

最後に，健康経営の可視化と情報開示が不可欠である。まず，健康資本投資の効果を測定することによって，PDCAサイクル[12]を回して，健康経営の取り組みに改善をもたらすことができる。経済産業省は企業の健康投資を可視化するために，「健康投資管理会計ガイドライン」を策定し，この健康投資管理会計は，「健康投資」，「健康投資効果」，「健康資源」，「企業価値」，「社会的価値」の5つの構成要素によって構成される。これらの要素は企業等の経営課題・目指すべき姿との結びつきを示す「健康経営戦略」によって一元的に管理される[13]。また，企業は持続的な成長による中長期的な企業価値の向上に向けた取り組みとして，投資者や従業員を含む様々なステークホルダーとの協働が重要であり，そのための建設的な対話をすることが不可欠である。建設的な対話をする上では開示情報が基盤となる。現在多くの年金基金

等は，ESGやSDGsをテーマにする投資モデルを構築し，ESG情報に対するニーズが増大したため，気候とガバナンスに加えて特に人的資本情報開示の改善を求めている（BlackRock, 2020）。しかし，投資家の関心の高まりは，企業が従業員の健康経営の指標を測定，管理，および報告する理由の1つに過ぎず，従業員をどのように扱っているかをその他の利害関係者に示すことによって，企業の人材確保，採用コストの低減やイメージ向上などにもつなげることができる。

　現在，持続的発展の価値観が普及するにつれ，CSR報告書，サステナビリティ報告，統合報告など多種多様な企業報告が人的資源情報開示のツールとして利用され，健康経営に関連する情報開示も増加している。しかし，情報開示は任意的であり，国内外では統一した開示基準もないので，十分に比較可能な情報の提供に至っていない。情報開示の質の向上を目指して，IIRC（国際統合報告評議会）とSASB（サステナビリティ会計基準審議会）[14]，GRI（グローバルレポーティングイニシアティブ）[15]などの国際機関はポストコロナ禍のESG情報開示の国際基準の設定に努力しており，アメリカのCSHS（安全衛生持続可能性センター）などの組織も積極的に活動している。

6 おわりに

　日本社会の高齢化が進むに伴い人的資本リスクが深刻化している。従来従業員の個人問題や社会問題として捉えられた健康問題は経済課題と捉える見方が主流になり始めている。従業員の健康維持・増進を図ることが個人の福祉を向上するのみならず，企業の生産性の改善につながり，ひいては国の持続的な経済の成長を高める効果があり，SDGsの目標，すなわち目標3「すべての人に健康と福祉を」と目標8「働きがいも経済成長も」の実現に重要な手段の1つとして考えられる。健康経営は職場安全，生活習慣の改善のみならず，働き方改革やコミュニケーションの活性化を含む統合的なマネジメ

ント手法である。その推進に当たって，企業のガバナンスと組織構造の再考，思いやりのある文化の構築が不可欠であり，その効果を測定，評価し，企業の内外利害関係者に発信することが重要である。日本では，健康経営実践のますますの成熟とともに，将来のより良い情報の開示が期待されている。

注

1）ESG投資は環境，社会，ガバナンスのパフォーマンスに基づいた投資である。

2）公益社団法人日本WHO協会ウェブサイト

3）コストの割合は実証研究の方法とサンプルによって，30〜60％くらいと結果が変わるが，それはもっとも大きなコストの1つであることに間違いない。

4）アクサ生命「社長さん白書2015」をリリース，https://www2.axa.co.jp/info/news/2015/pdf/150817.pdf（2021年2月23日最終アクセス）。

5）一部の健康リスクはアブセンティズムに関連しているのに対して，他の健康リスクはプレゼンティズムに関連している。プレゼンティズムを報告する確率は，ストレスの高い従業員の中で最も高い。高ストレスと心の豊かさの欠如はプレゼンティズムを報告した一部の従業員の最も重要な健康リスクである。

6）人的資本管理と人的資本マネジメントは同じ言葉として使われている。

7）内閣府「高齢化の状況」https://www8.cao.go.jp/kourei/whitepaper/w-2018/html/zenbun/s1_1_1.html（2021年2月23日最終アクセス）。

8）国連開発計画（UNDP）駐日代表事務所ウェブサイト

9）National Institute for Occupational Safety and Health Website "Total Worlter Health," https://www.cdc.gov/niosh/twh/totalhealth.html（2021年2月24日最終アクセス）.

10）経産省「健康経営の推進」https://www.meti.go.jp/policy/mono_info_service/healthcare/kenko_keiei.html（2021年3月24日最終アクセス）。

11）以下より経産省の調査データをダウンロードすることができる。https://www.meti.go.jp/policy/mono_info_service/healthcare/kenko_keiei.html（2021年6月25日最終アクセス）.

12）PDCAサイクルとはPlan（計画）・Do（実行）・Check（評価）・Action（改善）を繰り返すことによって，管理業務を継続的に改善していく手法のことである。

13）経済産業省が2020年6月に公表した「健康投資管理会計ガイドライン」https://www.meti.go.jp/press/2020/06/20200612001/20200612001-2.pdf（2021年2月23日最終アクセス）。

14）IIRCとSASBは2020年に合併した。

15）GRIは，サステナビリティに関する国際基準の策定を使命とする非営利団体である。UNEP（国連環境計画）の公認団体として，国際基準「サステナビリティ・レポーティング・ガイドライン」を策定することから取り組みをスタートさせた。

参考文献

ACCJ-EBC（2017）「医療政策白書2017年版」http://accj-old.accj.or.jp/uploads/4/9/3/4/49349571/accj-ebc_health_policy_white_paper_2017_jp.pdf（2021年2月23日最終アクセス）。

Akerlind, I., S. Schunder and K. Frick（2007）"Health and work organization," in U. Johanson., G. Ahonen and R. Roslender（eds.）*Work health and management control*, Stockholm: Thomson Fakta, pp.77–95.

Becker, G.S.（1993）*Human capital: a theoretical and empirical analysis with special reference to education*, 3rd ed., Chicago: University of Chicago Press.

BlackRock（2020）"Investment Stewardship's approach to engagement on human capital management," *Online posting. BlackRock*, https://www.blackrock.com/corporate/literature/publication/blk-commentary-engagement-on-humancapital.pdf（2021年3月12日最終アクセス）.

Boles, M., B. Pelletier and W. Lynch（2004）"The relationship between health risks and work productivity," *Journal of Occupational and Environmental Medicine*, Vol.46 No.7, pp.737-745.

Bontis, N., N.C. Dragonetti, K. Jacobsen and G. Roos（1999）"The knowledge toolbox: a review of the tools available to measure and manage intangible resources," *European Management Journal*, Vol.17 No.4, pp.391-402.

Edington, D.W. and W.N. Burton（2003）"Health and productivity," in McCunney, R.J.（ed.）*A Practical Approach to Occupational and Environmental Medicine*, 3rd ed., Philadelphia: Lippincott Williams & Wilkins, pp.140-152.

Folloni, G. and G. Vittadini（2010）"Human capital measurement: a survey," *Journal of Economic Surveys*, Vol.24 No.2, pp.248-279.

Street, L., A. Uddin, M. Wallace and M. Lee（2021）"Everyone Benefits: Connecting health and safety and human capital," *The sustainability institute of ERM Report*, https://www.sustainability.com/thinking/connecting-health-and-safety-and-human-capital/（2021年3月24日最終アクセス）.

古井祐司, 村松賢治, 井出博生（2018）「中小企業における労働生産性の損失とその影響

要因」『日本労働研究雑誌』，No.695, pp.49-61。https://www.jil.go.jp/institute/zassi/
backnumber/2018/06/pdf/049-061.pdf（2021年6月25日最終アクセス）。
山本勲，黒田祥子（2014）『労働時間の経済分析：超高齢社会の働き方を展望する』日
本経済新聞出版社。

第 **6** 章
SDGs実現のための
業績評価

本章とSDGsとの関わり

　本章ではSDGsの17の目標すべてについて，企業等がいかに実現すべきかを検討する。

企業

1 はじめに

　その採択以来，政府や自治体，企業等においてSDGsに関する様々な取り組みがなされている。SDGsの達成は営利，非営利を問わず様々な組織が努力すべきものであるが，わが国では2017年11月に日本経済団体連合会が会員企業の行動規範である「企業行動憲章」を改定し，企業活動のSDGsへの配慮を打ち出して以来，いっそう企業のSDGsへの積極的な関与が期待されるようになっている。今後，企業においてはSDGs達成のための経営システムの整備等が求められるだろう。では，企業の経営管理者等に対し，その経営管理に不可欠な経済的情報を提供する学問である管理会計はSDGs達成に向け，どのような役割を果たすことができるのだろうか。

　管理会計をはじめ会計学は，対象を適切に測定することで有用な情報を生み出す。では，SDGsの達成に資する管理会計システムを適切に設計しようとする場合，どのようにSDGsで掲げられた諸目標等を測定対象へと落とし込めばよいのだろう。本章はこうした問題意識から検討を進めたい。

2 SDGsの枠組み─目標7を例にして─

　SDGsでは2030年までに世界が到達すべき「持続可能な開発に係る主要な課題領域」として17の「目標（goal）」と，その実現に向け達成すべき具体的な169の「ターゲット（target）」が設定されている。

　goalやtargetといった単語は，しばしば「目標」と訳されるが，goalは長期的かつ未来像を描いたビジョンやテーマともいえるものである。一方，targetはgoalを実現させるために具体的に「何を行わなければならないか」等を表現したものである。例えば，目標7「エネルギーをみんなに そして

クリーンに」で目標やターゲットを説明しよう。目標7は次のように記されている（**図表6-1**）。

図表6-1 目標7「エネルギーをみんなに そしてクリーンに」

目標7. すべての人々の，安価かつ信頼できる持続可能な近代的エネルギーへのアクセスを確保する

7.1 2030年までに，安価かつ信頼できる現代的エネルギーサービスへの普遍的アクセスを確保する。

7.2 2030年までに，世界のエネルギーミックスにおける再生可能エネルギーの割合を大幅に拡大させる。

7.3 2030年までに，世界全体のエネルギー効率の改善率を倍増させる。

7.a 2030年までに，再生可能エネルギー，エネルギー効率及び先進的かつ環境負荷の低い化石燃料技術などのクリーンエネルギーの研究及び技術へのアクセスを促進するための国際協力を強化し，エネルギー関連インフラとクリーンエネルギー技術への投資を促進する。

7.b 2030年までに，各々の支援プログラムに沿って開発途上国，特に後発開発途上国及び小島嶼開発途上国，内陸開発途上国のすべての人々に現代的で持続可能なエネルギーサービスを供給できるよう，インフラ拡大と技術向上を行う。

そして，この目標7を実現させるために5つのターゲットが設定されている。5つのターゲットには「7.1」「7.2」といった数字で示されたものと，「7.a」「7.b」のようにアルファベットを含んだものの2種類がある。前者の数字の入ったターゲットは，目標の中身をさらに具体的に表現したものである。それに対し，後者のアルファベットの入ったものは，実現方法に関するターゲットである。

SDGsの目標実現のために設定されているのがターゲットである。したがって各目標の成否はターゲットの到達度で判断できる。だが，今度はそのターゲット自体の成否や進捗を測るための尺度も必要になる。そこで，そのターゲットの進捗を測るために設定されたのが「グローバル指標（global indicator）」である。グローバル指標は2017年3月の国連統計委員会で合意

され，同年7月の国連総会で採択された。採択後も毎年指標の枠組みは改良されており，2021年7月時点で231のグローバル指標がある（重複も含めれば247）。そして，ターゲットごとにグローバル指標が設定されている。例えば，「7.3」の進捗を測るために下記のグローバル指標が設けられている。

7.3.1 エネルギー強度（GDP当たりの1次エネルギー）

　SDGsはグローバル指標を達成すれば，ターゲットが達成され，そして目標が実現されるという構造になっている。つまり「グローバル指標の達成⇒ターゲットの達成⇒目標の達成」という形で，目標，ターゲット，グローバル指標が結びついている。

　SDGsのターゲットにしてもグローバル指標にしても，その内容を見れば，到底一企業の努力だけで実現できるものではない。実現には政府等に頼らざるを得ないものも多い。しかしながら，現代では企業の社会的責任が声高に叫ばれており，SDGsを無視できないだろう。では，SDGsが掲げる目標やターゲット，グローバル指標と企業組織の目的をどのように結びつければよいのだろう。そこで登場するのが，経営ビジョンや経営方針といった企業の長期的な目標と，個々の組織構成員にとっての具体的な目標とをつなぐ仕組みを提供する管理会計システムである。

3 管理会計における業績評価

3.1 業績評価の必要性

　経営管理者は企業目標の実現のため，経営管理プロセス（management process）に基づいて管理を行い，それに合わせて管理会計も「意思決定会計」と「業績管理（業績評価）会計」に二分される（**図表6-2**）。ここで取り上げ

るのは業績管理会計である。

図表6-2　経営管理プロセスと管理会計の区分

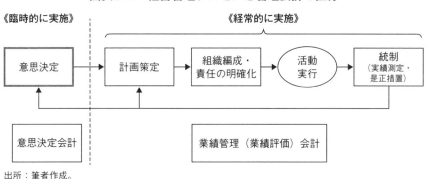

出所：筆者作成。

　業績管理会計とは，企業全体や各部門が所用利益を獲得するために計画を策定し，その総合的利益計画に基づいた責任単位別の事業計画（予算）の実行に伴って発生した実績を測定して，予算と実績を対照しながら計画の是正措置を講じるというプロセスに対応した管理会計のことである。このプロセスをうまく行うには，策定される計画の質を高めることはもちろん，その計画を実行する組織単位や組織構成員の責任の明確化等にも注意を払わなければならない。それとともに，このプロセスにおいて中核となるのが適切に測定（評価）を行うことである。適切な測定システムを設計すれば，その測定から得られた情報を次の3つの場面に活かすことができる。

①予実管理：実績を測定しなければ計画を達成したか否かがわからない。ま
　　　　　　　た計画を達成しても，もしくは未達に終わっても，どの程度達
　　　　　　　成したのか理解できなければ，組織構成員が注力すべき次期の
　　　　　　　改善点も判然としない。そのため計画（予算）と実績を比較し，
　　　　　　　その達成度合いを把握するためにも業績測定が必要である。
②仮説検証：現代企業における経営管理者や従業員は自身が直面する課題を

克服するために，事前に仮説を立てそれに裏打ちされた計画を実行することが期待される。しかし計画通りに事が進まなければ，立てた仮説そのものを疑う必要が生じる。業績測定を行うことで仮説の検証が可能になる。その結果，仮説検証を通じた学習ができ，組織内に新たな知識が創出されうる。

③説明責任：企業はその業績に強い関心を持つ多くの利害関係者に囲まれている。そうした利害関係者に企業活動の成果を示すためにも業績測定は不可欠である。また企業内部に目を向けても，ある従業員にはその上司に当たる経営管理者や同僚がおり，そうした周囲に自身の努力を説明するためにも，業績の測定が必要である。

　そして，適切な測定はもちろん，経営管理プロセス全体についても細心の注意を払った業績管理会計システムを構築することができれば，経常的になされる活動が適切に経営管理されるよう，経営管理者の注意を絶えず喚起し，従業員に動機づけを与えることも可能になる。

　さて，ここで若干の語句の整理を行っておこう。

　まず「測定」である。この言葉をどのように捉えるかは論者によるが，一般に「測定とは，その最も広い意味においては，規則に従って物または事象に対して数字を割り当てること」（Stevens, 1946：677）と定義される。また会計における測定（会計測定）とは「観察に基づいて，規則に従って，会計主体の過去，現在，または将来の経済現象に数字を割り当てること」（Committee on Foundations of Accounting Measurement, 1971：3）とされる。

　次に「評価」である。一般に評価と測定は似たような概念として捉えられる。しかし，価値判断の入ってくる測定を「評価」と呼び，価値判断の入らない測定と峻別する論者もいる。測定の一部として評価が存在する。ただし，その場合でも，「自然現象を対象とした評価」と「人的現象を対象とした評価」

を区別する必要がある。前者の，台風の脅威といった自然現象を取り上げた評価も，人間が持つ価値判断に基づいて実施される。だが，評価対象の自然現象はどのように評価されたところで，評価の影響を受けその行動様式を変化させることはない。一方，後者の，ある人物やその人物が率いる組織そのもの，またはある人物（やその人物が率いる組織）が行っている活動，あるいはある人物（やその人物が率いる組織）の成果物といった人的現象が対象となる場合，評価対象が自らに下される評価に反応して行動を変化させうる。したがって，一般に人的現象を対象とした評価を「業績評価」と呼ぶが，業績評価を行う際には，対象者の評価に伴う行動変化といった影響機能も考慮する必要が生じる。

　組織目的実現に資する情報が得られるとはいえ，測定には注意すべき点がいくつかある。

①測定にはコストがかかる：測定の実施には通常，専従スタッフの雇用や，適切に実施するための希少な経営資源の配分が求められる。

②測定結果は万能ではない：測定とは様々な多面的な要素を有する実体を，主として数値という形で表現することである（写像化）。数値化させるために，複雑な要素情報をそぎ落とすこともしばしばある。つまり，測定された結果だけを観察しても，実体そのものの性質を正確に理解できるわけではない。

③測定は逆機能をもたらす：特に業績評価の場合，評価を意識して対象の行動様式が変化しうる。そのため目指すべき企業の方針等に合致した測定システムが適切に設計されていないと，かえって測定によって組織構成員の機会主義的行動（逆機能）を助長しかねない。

確かに測定には上記のような注意点がある。だが，それらにこう反論することもできる。例えば，①については，測定を行わなければ，企業内の思わぬ部分で無駄が発生していたとしても把握できない。だが，測定を行うことでそうした無駄を除外することができる。費用と便益を比べ，便益が上回るならば測定を行うべきといえそうである。②については，測定システムの性質を熟知した者が測定結果を適切に解説するならば，そうした懸念を払拭できるだろう。③については，測定システムの設計者が企業方針等をよく理解して設計すれば，逆機能を防止できるはずである。

　つまり，測定に係る注意点はあるが，むしろ測定（評価）から得られる利点の方が大きい。もちろん適切にシステム設計ができれば，SDGsの諸目標を実現させるための有益な情報も得られるかもしれない。では，そうした業績評価システムをどのように構築すればよいのか考えてみよう。

3.2　伝統的な業績評価システム

　組織目的を実現するための活動は，次の3要素から成る。

①顧客に提供する製品やサービスを生み出すために必要な情報，材料，エネルギー，労働力，支援活動等といった「インプット」
②何らかの価値を創出するために，インプットを変換する場である「プロセス」
③活動の成果でもある，中間製品や最終製品，サービスといった「アウトプット」

　インプット，プロセス，アウトプットは次のような形で結びついている（**図表6-3**）。企業等の経営管理者は「インプット⇒プロセス⇒アウトプット」がうまく回るよう，インプット，プロセス，アウトプットを業績評価の対象にするだろう。

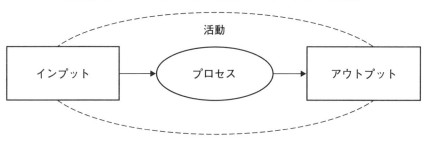

図表6-3　インプット・プロセス・アウトプットの関係

出所：筆者作成。

　業績評価を行う際，明確に，あるいは暗黙のうちに比較がなされる。前述のように，価値判断を要する測定である「評価」，もしくは人的現象を対象とした評価である「業績評価」は，価値判断をするための測定である。何かを基準に他方を比較しなければ，価値判断はできない。インプット，プロセス，アウトプットについて，まず想定されるのが，それぞれの活動実施前の計画と実施後の実績との比較である（**図表6-4**）。

図表6-4　インプット・プロセス・アウトプットの比較対象

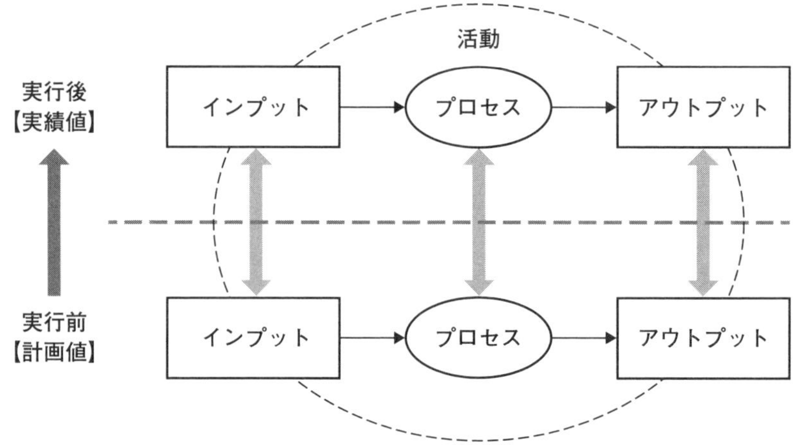

出所：筆者作成。

①インプット

　まずインプットである。インプットの実績の測定は組織活動において不可欠である。インプットされる経済的資源の多寡で，組織で発生するコストが変わるからである。無尽蔵に発生するコストを許容できる組織などない。したがってインプットに係る計画が立てられる。一般に，組織目的を実現させるために必要なインプットが少ないほど経済的である。すなわちインプット（計画値）に対するインプット（実績値）を測定することで，その活動に係る「経済性（economy）」がわかる。

②プロセス

　次にプロセスである。インプットをアウトプットに変換させるプロセスには，単純なものから複雑なものまで様々ある。単純なものならば観察しやすく，測定に要するコストは低いだろうが，複雑なものの場合，高くつくこともありうる。そのため，費用便益分析次第で，中には測定が行われないプロセスもあるだろう。そうした場合，測定はなされず，プロセスに係る計画を綿密に立て，実施に際してその順守を強く規律づけるという方法が採られる。ただし費用便益分析の結果だけでプロセスの測定の実施有無が決まるわけではない。例えば法令等で定められている場合，プロセスの測定が不可欠である。またインプットからアウトプットへの変換の効率性を高めるべく，プロセスそのものを見直したりその改善を図る強い意思が経営管理者にある場合，プロセスの測定がなされるだろう。すなわちプロセス（計画値）に対するインプット（実績値）を測定することで「順守度（abidance）」を知ることができる。

③アウトプット

　そしてアウトプットである。インプット同様，アウトプットの実績の測定は組織活動において不可欠である。組織が行う活動の成果がアウトプットだからである。よってアウトプットに係る計画が立てられ，それとアウトプットの実績とが比較される。すなわちアウトプット（計画値）に対するアウトプット（実績値）

を測定することで，その活動の「達成度（achievement rate）」が判明する。

　業務の複雑さや意思決定しなければならない頻度の多さから，どんな組織でも経営管理者は部下に意思決定を委ねざるを得ない。その際，任された部下の意思決定の結果が，任せた経営管理者の意向や組織目的と整合していなければならない。つまり経営管理者は部下の意思決定を管理する必要がある。管理の仕方として，経営管理者が部下に対して何をすべきか等を詳細に逐一指示する方法もありうる。だが，経営管理者の時間や集中力等は有限であるため，その方法は現実的ではない。そこで部下に逐一指示する代わりに，部下にアウトプット（実績値）に対する責任を負わせつつ，部下自身に活動が最適になるよう考えさせる管理が行われる。こうしたやり方は，組織を取り巻く環境が劇的に変化する場合，前者よりも有効である。

　部下にアウトプット（実績値）に対する責任を負わせる管理方法を採る経営管理者は，予定通りにいかなかった時等に部下の指導を行う。しかし，経済性，順守度，達成度だけの情報では予定通りにいかなかった原因がわからない。そこでインプット（実績値）に対するアウトプット（実績値）を測定し，プロセスの変換効率である「能率／効率（efficiency）」を確認するのである。例えばインプット（実績値）に対してアウトプット（実績値）が少ないならば，プロセスに何らかの無駄が生じている。ただし，部下の方も常に能率を確認しており，異常を発見すれば部下自身が直ちに是正措置を講じ，経営管理者から指導される前に問題の解決を図るのである。

　最後に取り上げるのが，組織目的に対するアウトプット（実績値）である「効果性／有効性（effectiveness）」である。そもそも組織が活動するのは，その組織の目的を実現させるためである。しかしながら組織の目的は必ずしも1つではない。複数の目的を持てば必然的にそれぞれの目的に合致するアウトプットを要する。組織目的を満たすアウトプットを組織は創出し続ける必要がある。また現代企業は様々な利害関係者に囲まれており，様々な声に耳を傾けなければならない。そして企業が地球上で共生していくには，SDGsの実現に寄与しなくてはならない。つまりSDGsの目標も企業組織の目

的になりうる。そのためには効果性の測定が必要になる。

　以上の議論をまとめると，**図表6-5**を描くことができるだろう。

図表6-5　組織目的と管理会計の主要目標の関係

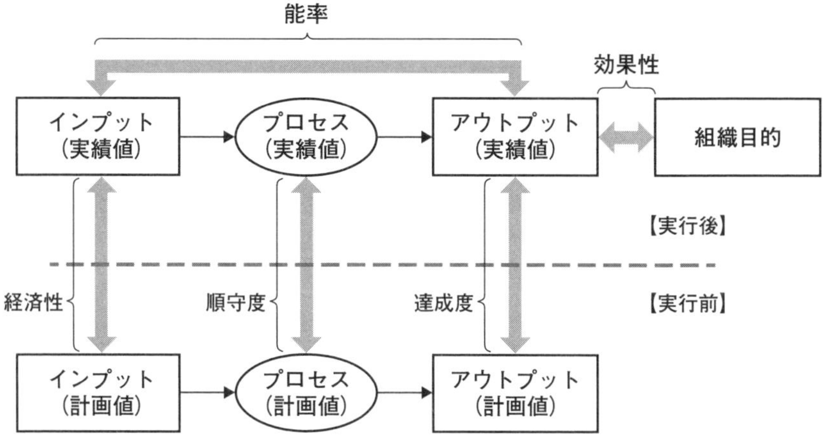

出所：筆者作成。

4　業績評価システムから SDGsの実現を考える

　SDGsの各目標を実現させるためには，業績評価システムをどのように活用すればよいのだろうか。例えば目標４を取り上げ，検討してみよう。目標４およびターゲット4.1は次のように記されている（**図表6-6**）。

図表6-6　目標４「質の高い教育をみんなに」（抜粋）

目標4.　すべての人々への，包摂的かつ公正な質の高い教育を提供し，生涯学習の機会を促進する
4.1　2030年までに，すべての女児及び男児が，適切かつ効果的な学習成果をもたらす，無償かつ公正で質の高い初等教育及び中等教育を修了できるようにする。

そして，「4.1」に対応したグローバル指標は下記である。

> 4.1.1 （ⅰ）読解力，（ⅱ）算数について，最低限の習熟度に達している次の子供
> や若者の割合（性別ごと）（a）2 〜 3 学年時，（b）小学校修了時，（c）中学
> 校修了時

　この「4.1.1」のようなグローバル指標は，目標 4 に関心を持ちその実現に努力を傾けようとする教育事業者等ならば，活動のアウトプットと結びつけやすい。なぜ結びつけやすいのかといえば，それは教育事業者等が有する組織目的とグローバル指標が親和的だからである。組織目的に親和的なグローバル指標があるならば，**図表6-5**の「組織目的」の 1 つに「グローバル指標の達成がある」と捉え，組織活動のアウトプットがグローバル指標に対し，どの程度達成することができたか「効果性」を測定することで，SDGsの目標と結びつけて組織活動を行える。例えば，「4.1.1」で説明するならば，小学生向けの学習支援等を行っている組織が，その組織と関係のある小学校卒業時の児童のうち，算数の最低限の習熟度に達している児童の割合を測定し，その向上に努めれば組織目的も達成されるし，SDGsの実現にも寄与できる。すなわち，グローバル指標と組織目的の適合度が高い場合，伝統的な「効果性」の業績評価を通じて，SDGsの目標達成に努めることができる（**図表6-7**）。

図表6-7　グローバル指標と組織目的の適合度が高い場合の業績評価

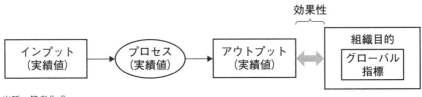

出所：筆者作成。

一方，問題となるのが，目標 7 のような場合である。この目標について，電力事業者等ならばその組織目的を考えても，アウトプットとグローバル指標を結びつけ，「効果性」の測定が可能だろう。だが，電力事業者等以外の組織もエネルギーを消費している。SDGsの実現を期待するならば，むしろそうした個々の組織の不断の努力こそが不可欠である。それならば組織目的とグローバル指標の適合度が高くない場合，どのように業績評価を行えばよいのだろうか。

　組織目的とグローバル指標の適合度が高くない場合，アウトプットとグローバル指標の比較も難しい。だがインプットやプロセスに目を向ければ，グローバル指標と適合する測定もできるかもしれない。例えば「7.3.1」について，電力を購入している組織が電力料削減のため，省エネを組織内に呼びかけ，アウトプットに負の影響を及ぼすことなくインプット（実績値）を削減する（経済性を高める）ことができたならば，無駄な電力消費を排除しこのグローバル指標の達成に寄与したといえそうである。また，より積極的に空き部屋の消灯を徹底させるよう，各組織構成員の日々の業務プロセスの順守度を業績測定すれば，消費電力を削減できグローバル指標達成の一助にもな

図表6-8　グローバル指標と組織目的の適合度が高くない場合の業績評価

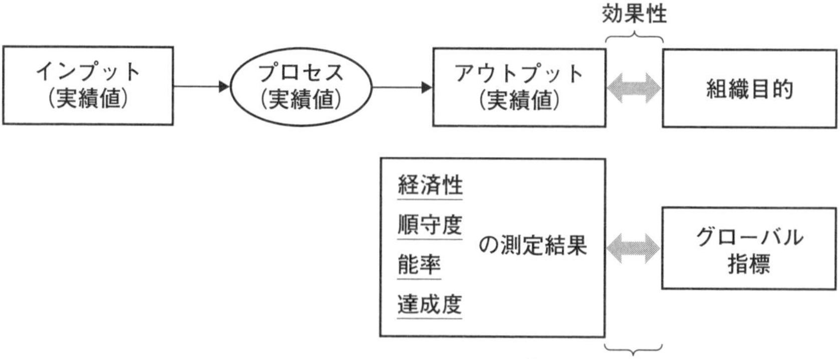

出所：筆者作成。

るだろう。すなわち，グローバル指標と組織目的の適合度が高くない場合は，「経済性」や「順守度」，「能率」，場合によっては「達成度」の測定結果が，グローバル指標の達成度を代替的に表現していると捉え，SDGsの実現に努めるべきなのである（**図表6-8**）。ただし，この方法を適用する場合，そうした「達成度」等の測定結果が，グローバル指標の達成度を適切に代替しているのか検証する必要があるだろう。

5 おわりに

　本章では，SDGsを実現させる業績評価システムについて議論し，**図表6-7**および**図表6-8**の形で結論をまとめた。なお，補足となるが，グローバル指標と組織目的の適合度が高くない場合，組織目的の達成とグローバル指標の達成との間でコンフリクトが生じうる。それは経営システムとして解決すべき課題になるだろう。

参考文献

Committee on Foundations of Accounting Measurement（1971）"Report of the Committee on Foundations of Accounting Measurement," *The Accounting Review*, Supplement to Vol.XLVI, pp.1, 3-48.

Simons, R.（2000）*Performance Measurement & Control Systems for Implementing Strategy*, Prentice Hall.

Stevens, S.S.（1946）"On the Theory of Scales of Measurement," *Science*, Vol.103 No.2684, pp.677-680.

井尻雄士（1979）「会計測定の概説」井尻雄士責任編集『会計測定の理論』中央経済社，pp.3-27。

伊丹敬之（1979）「会計測定と情報評価」井尻雄士責任編集『会計測定の理論』中央経済社，pp.253-282。

村上芽，渡辺珠子（2019）『SDGs入門』日本経済新聞出版社。

第**7**章
SDGsと
地域づくり・人づくり

本章とSDGsとの関わり

　本章は，SDGsの目標のうちの目標4「質の高い教育をみんなに」と目標11「住み続けられるまちづくりを」に主に関連する。

はじめに：地域づくりとSDGs

　本章では，地域づくりと教育の観点からSDGsの視点や関連する具体的な取り組みとその課題について論じてみたい。

　様々なところで地域づくりの取り組みが盛んに行われ，注目されている。これまでに地域振興や地域活性化といった用語で語られてきた取り組みを，近年は地方創生と呼ぶことが増えてきている。これらの用語が用いられるようになった背景には，政府が新たに行う施策やその時代状況が反映されている。例えば，地方創生という語は，2014年以降施行された一連の政策に端を発しており[1]，日本における人口構造の少子高齢化傾向の深化が，国全体として人口縮小社会へと転換していく中で生まれてきた。

　しかし，こうした時代状況は突然到来したわけではない。「限界集落」（大野，2008）や「消滅可能性都市」（増田，2014）という言葉を聞いたことがきっとあるだろう。これらはいずれも地域の存続が危機に瀕していることに警鐘を鳴らす語として登場した。読者のみなさんは，それ以前から過疎という語が用いられてきたことも知っているだろう。高度経済成長期には，大都市への人口集中による過密が問題となった。その一方で，国土の周辺部では都市部への人口移動が急速に進み，地域の居住人口が減少することによって従来の社会生活を営むことが困難になることを過疎というようになった。一般には，単に人口減少や人口が減少した地域社会のことを意味することもある。

　こうした問題状況に対して，政府は1970年に議員立法によっていわゆる過疎法を施行した。この法律は時限立法[2]であったが，数次にわたる改正を経て，2021年3月の第204回国会で，今日またさらに新たな法律として施行されることとなった。過疎法は「過疎地域対策緊急措置法」という名称で1970年に立法化されたのが始まりだが，第204回国会では，「過疎地域の持続的発展の支援に関する特別措置法」とされたことも，この間の時代の変化を強く

図表7-1　過疎法の変遷

西暦	年月	法律	摘要
1967	昭和42年3月		経済社会発展計画「過疎」という言葉を用いる。
	10月		経済審議会地域部会報告
1969	昭和44年6月		過疎地域対策特別措置法案提出（議員提案）するも廃案。
	11月		同法案再度提出するも解散により廃案。
1970	昭和45年4月	過疎地域対策緊急措置法成立	
	5月		過疎地域市町村公示（総計776／3,280団体）
	最終		追加公示（総計1,093／3255団体）
1980	昭和55年3月	過疎地域振興特別措置法成立	
	4月		過疎地域市町村公示（総計1,119／3,255団体）
	最終		追加公示（総計1,157／3,245団体）
1990	平成2年3月	過疎地域活性化特別措置法成立	
	4月		過疎地域市町村公示（総計1,143／3,245団体）
	最終		追加公示（総計1,230／3,229団体）
2000	平成12年3月	過疎地域自立促進特別措置法成立	
	4月		過疎地域市町村公示（総計1,171／3,229団体）
2002	平成14年4月		過疎地域市町村追加公示（総計1,210／3,218団体）
2007	平成19年4月		合併に伴う過疎地域市町村公示（総計738／1,804団体）
2010	平成22年3月	過疎地域自立促進特別措置法の一部を改正する法律（失効期限を6年間延長）	
	4月		法改正当時過疎地域市町村公示（総計776／1,727団体）
2011	平成23年3月		東日本大震災の発生
2012	平成24年6月	法改正	被災市町村において法の期限内に総合的かつ計画的な施策を展開することが困難な状況が生じたことを踏まえ，失効期限を5年間延長。この法の有効期限を平成33年3月末日とする。
2014	平成26年4月	法改正	平成22年の国勢調査の結果に基づく過疎地域の要件の追加及び過疎対策事業債の対象施設の追加。（総計797／1,719団体）
2017	平成29年4月	法改正	平成27年の国勢調査の結果を用いた過疎地域の要件を追加するとともに，過疎対策事業債の対象施設の拡充，減価償却の特例及び地方税の課税免除等に伴う措置の拡充等。（総計817／1,718団体）
2021	令和3年4月	過疎地域の持続的発展の支援に関する特別措置法成立	過疎地域における持続可能な地域社会の形成及び地域資源等を活用した地域活力の更なる向上を図る。（見込み　820団体）

意識させるものといえる。つまり，立法当時は政府による緊急の対策として始められたが，地域間格差の拡大に伴う地域社会存続の危機の問題は，半世紀を経過してもなお課題として残されているばかりか深刻さを増しており，政策のスタンスは，持続的な社会形成としての住民による地域づくりを支援するものへと変化してきたのである（**図表7-1**）。

　政策的支援の対象となる取り組みも多様化している。その多くは，それぞれの地域で独自に生まれてきた運動をモデルとして生み出されてきた。本章ではそうした中で，地域における教育に関する取り組みを取り上げ，SDGsの観点からその意義と課題を検討してみたい。

2 本章の課題とSDGsの視点

2.1 SDGsの目標とターゲットについて

　本章で取り扱うテーマは，SDGsの17の目標のうちの4と11に主に関連している。目標11「住み続けられるまちづくりを」は「都市や人間の居住地をだれも排除せず安全かつレジリエントで持続可能にする」ことである。先に述べた新たな過疎対策は，まさにこの国際的な取り組みの動向に対応している。地域存続に向けた取り組みが求められてきた日本の地方自治体は，この目標に向けた先駆者ということもできるだろう。目標4「質の高い教育をみんなに」は「すべての人々に，だれもが受けられる公平で質の高い教育を提供し，生涯学習の機会を促進する」である。この目標は，他の目標にもまして17目標すべての実現の前提となる，横断的な目標といわれている（蟹江，2020）。持続可能な社会を実現するためには未来への投資を欠かすことができないが，それはとりもなおさず，教育を意味することは明らかだからである。

　もう少し具体的に考えるために，目標 4 と目標11のそれぞれが掲げるターゲットをみておこう（**図表7-2**）。

図表7-2　目標とターゲット

	目標11のターゲット
11.1	2030年までに，全ての人々の，適切，安全かつ安価な住宅及び基本的サービスへのアクセスを確保し，スラムを改善する。
11.2	2030年までに，脆弱な立場にある人々，女性，子供，障害者及び高齢者のニーズに特に配慮し，公共交通機関の拡大などを通じた交通の安全性改善により，全ての人々に，安全かつ安価で容易に利用できる，持続可能な輸送システムへのアクセスを提供する。
11.3	2030年までに，包摂的かつ持続可能な都市化を促進し，全ての国々の参加型，包摂的かつ持続可能な人間居住計画・管理の能力を強化する。
11.4	世界の文化遺産及び自然遺産の保護・保全の努力を強化する。
11.5	2030年までに，貧困層及び脆弱な立場にある人々の保護に焦点をあてながら，水関連災害などの災害による死者や被災者数を大幅に削減し，世界の国内総生産比で直接的経済損失を大幅に減らす。
11.6	2030年までに，大気の質及び一般並びにその他の廃棄物の管理に特別な注意を払うことによるものを含め，都市の一人当たりの環境上の悪影響を軽減する。
11.7	2030年までに，女性，子供，高齢者及び障害者を含め，人々に安全で包摂的かつ利用が容易な緑地や公共スペースへの普遍的アクセスを提供する。
11.a	各国・地域規模の開発計画の強化を通じて，経済，社会，環境面における都市部，都市周辺部及び農村部間の良好なつながりを支援する。
11.b	2020年までに，包含，資源効率，気候変動の緩和と適応，災害に対する強靱さ（レジリエンス）を目指す総合的政策及び計画を導入・実施した都市及び人間居住地の件数を大幅に増加させ，仙台防災枠組2015-2030に沿って，あらゆるレベルでの総合的な災害リスク管理の策定と実施を行う。
11.c	財政的及び技術的な支援などを通じて，後発開発途上国における現地の資材を用いた，持続可能かつ強靱（レジリエント）な建造物の整備を支援する。

	目標 4 のターゲット
4.1	2030年までに，すべての女児及び男児が，適切かつ効果的な学習成果をもたらす，無償かつ公正で質の高い初等教育及び中等教育を修了できるようにする。
4.2	2030年までに，すべての女児及び男児が，質の高い乳幼児の発達支援，ケア及び就学前教育にアクセスすることにより，初等教育を受ける準備が整うようにする。
4.3	2030年までに，すべての女性及び男性が，手頃な価格で質の高い技術教育，職業教育及び大学を含む高等教育への平等なアクセスを得られるようにする。
4.4	2030年までに，技術的・職業的スキルなど，雇用，働きがいのある人間らしい仕事及び起業に必要な技能を備えた若者と成人の割合を大幅に増加させる。

4.5	2030年までに，教育におけるジェンダー格差を無くし，障害者，先住民及び脆弱な立場にある子どもなど，脆弱層があらゆるレベルの教育や職業訓練に平等にアクセスできるようにする。
4.6	2030年までに，すべての若者及び大多数（男女ともに）の成人が，読み書き能力及び基本的計算能力を身に付けられるようにする。
4.7	2030年までに，持続可能な開発のための教育及び持続可能なライフスタイル，人権，男女の平等，平和及び非暴力的文化の推進，グローバル・シチズンシップ，文化多様性と文化の持続可能な開発への貢献の理解の教育を通して，全ての学習者が，持続可能な開発を促進するために必要な知識及び技能を習得できるようにする。
4.a	子ども，障害及びジェンダーに配慮した教育施設を構築・改良し，すべての人々に安全で非暴力的，包摂的，効果的な学習環境を提供できるようにする。
4.b	2020年までに，開発途上国，特に後発開発途上国及び小島嶼開発途上国，ならびにアフリカ諸国を対象とした，職業訓練，情報通信技術（ICT），技術・工学・科学プログラムなど，先進国及びその他の開発途上国における高等教育の奨学金の件数を全世界で大幅に増加させる。
4.c	2030年までに，開発途上国，特に後発開発途上国及び小島嶼開発途上国における教員養成のための国際協力などを通じて，資格を持つ教員の数を大幅に増加させる。

11.3では，参加型，包摂的かつ持続可能な人間居住計画・管理の能力を強化することが掲げられている。人々が自ら居住する地域の管理に参加できるようにすることが示されている。また，11.4では，世界の文化遺産，自然遺産の保護・保全の努力がうたわれている。こうした土地に根差した遺産の管理には，地域の人々の理解と営為とが不可欠である。a～cは，実施手段に関するターゲットである。目標11ではいずれも日本の地域づくりと深く関わる項目となっている。aは都市農村交流，bは国土管理に関連しており，自然災害への対応を図る上でも地域内および地域間の連携した取り組みが求められている。cは後発開発途上国が念頭に置かれているが，地域資源活用は日本における地域の取り組みにおいても重要な課題である。「SUSTAINABLE DEVELOPMENT REPORT（持続可能な開発報告書）」による目標11についての2020年度の日本現状に対する評価は，「課題が残っている」であった。しかし，「達成軌道にある」というトレンドの評価は，この分野におけるこれまでの絶えることのない努力の成果だと受け止めていいだろう。

一方，目標4では，4.7が重要である。ここではSDGsの柱となるような項目について，すべての学習者が知識と技能を取得することを掲げている。先

に述べたように，この目標がSDGs全体に関わる目標だということを端的に示している。目標4についての評価は「達成」であった。日本の教育が国際的にみても高い水準にあり，教育機会が保証されていることを示しているといえよう（小松・ラプリー, 2020）。しかし，そこに課題は残されていないのだろうか。SDGsのゴールに向けた取り組みにもっと深くコミットした，「達成軌道にある」目標11と関連した方策は考えられないだろうか。ここではまず，目標4について，日本の教育機会の状況に即して検討してみよう。

2.2 教育の課題とSDGs

　現代日本の教育の課題については様々な議論がある。教育はすべての国民の人生に直接的に関わるだけでなく，社会の将来のあり方を規定するものだからである。その意味で，SDGsですべての人が「無償かつ公正で質の高い初等教育及び中等教育を修了」できることが求められており，「技術教育，職業教育及び大学を含む高等教育への平等なアクセス」を保証し，仕事を通じた社会参加の機会の確保を促しているのはきわめて適切だといえよう。

　他方，日本における教育機会が公正で平等であるかどうか，あるいはこれまでそうであったとして今後も「達成を維持」できるのかどうかについては検討を要する（刈谷, 1995）。例えば教育格差（子ども本人に変えることができない初期条件である「生まれ」と結果に関連があること）のように，日本においても出身家庭の社会経済的地位や出身地域などの「生まれ」によって教育成果（学力や学歴など）に差異が生じることが明らかにされている（松岡, 2019）。都市部で育つことが大学進学に有利なことは，都市で育った若者には気づきにくい視点であり問題化されにくいことは，日本の高等教育の盲点の1つといえるかもしれない。そこで次にいくつかのデータをみてみよう。

2.3 教育の地域格差

　少子化の影響は，学校に通う児童や生徒の人数に影響を及ぼすことはいうまでもない。生徒数が少なくなると児童・生徒1人当たりに要する学校を維持するための費用が増加することがその要因の1つとして考えられる。だから，少子化が進めば，学校の統廃合が進むのはある程度はやむを得ないのかもしれない。

　そもそも高次な教育であればあるほど，教育機会は空間的に不均等に存在する。例えば，大学の地域的分布を考えてみれば，大都市に集中して立地していることは言を俟たない。**図表7-3**は，全国の高等学校数と在校生数の推移を示している。進学率の変化も影響しており，高等学校の数は少子化の影

図表7-3　高等学校数と在校生数の推移

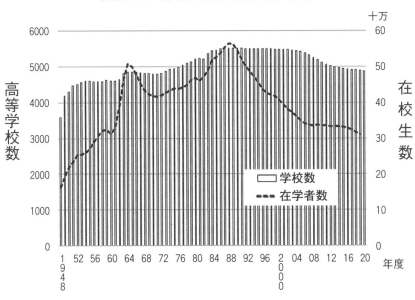

出所：文部科学省『学校基本調査』により筆者作成。

響をそれほど受けていないようにみえる。**図表7-4**は，18歳人口（3年前の中学校卒業者数）の推移と進路状況を示した。高等学校への進学率は1980年頃まで一貫して上昇し，90％を超える高い水準で今日まで推移している。18歳人口数は小学校の児童数と同じようにベビーブームの動向を反映しているが，大学等高等教育機関への進学者数も高校にやや遅れて1990年頃まで増加し続け，その後は若干減少しつつ推移してきた。その反面，かつては18歳人口の半数を占めていた高卒で就職する割合は2000年以降は20％未満となっている。

　近年，高等学校の統廃合が進んでおり，そのことが産業立地や医療サービスと並んで地域衰退の要因となることが危惧されている（宮﨑, 2021）。そこで，2010-2019年の間の市町村ごとの高等学校数の動向を地図化したのが**図表7-5**である。多くは変わらないが，高等学校数が増加した市町村もごくわ

図表7-4　18歳人口の高校への進学卒業後の進路の推移

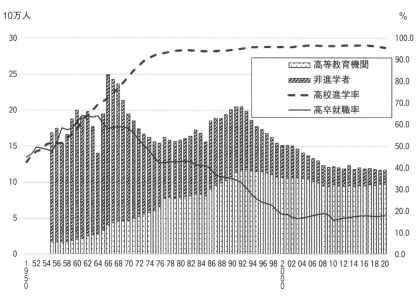

出所：文部科学省『学校基本調査』により筆者作成。

図表7-5　市町村別にみた高等学校の分布と変化

2010-2019年の高等学校数の変化と市町村数

増加した	47
変わらない	1208
減少した	184
消滅した	38
もともと立地していない	415

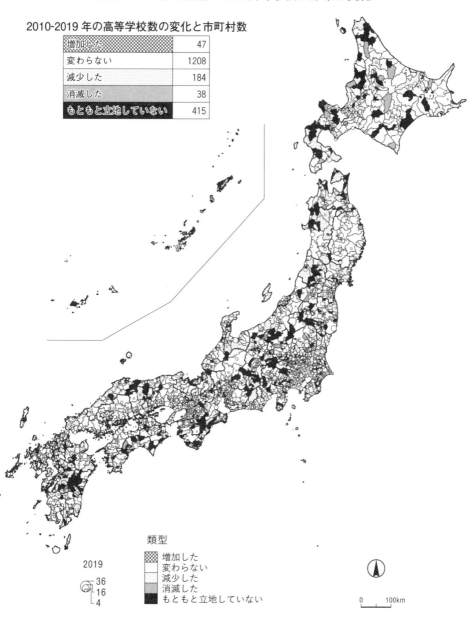

類型
- 増加した
- 変わらない
- 減少した
- 消滅した
- もともと立地していない

2019
┌ 36
├ 16
└ 4

0　　　100km

出所：文部科学省『学校基本調査』により筆者作成。

ずかではあるが存在する。他方，黒く塗られているのは2010年時点で高等学校が立地していない市町村であり，またその周辺にはこの10年間で高等学校が存在しなくなった市町村が分布している。さらに，そのまわりには高等学校数が減少した市町村が隣接している。すなわち，高等学校への進学機会が失われている地域が徐々に拡大している様子が明らかに読み取れるのである。

　こうしたデータが示しているのは，地方の若者たちは徐々に教育機会から取り残されつつあるのではないかということだ。

　読者のみなさんの中には大都市やその周辺で生まれ育ってきた人たちもいるだろう。大学はともかく，近くに高等学校が立地していないために進学を機に自宅を離れて寮や下宿生活を経験することも地方では決して珍しいことではないことは，大都市圏で生まれ育った若者にとっては意外なことなのではないだろうか。こうした状況を，「だから都市部で生活してきてよかった」と考えるのではなく，「どうしたらこの不公正な状況を改善することができるか」を考え，行動することがSDGsの視点では重要である。

3　高校魅力化の取り組みの先進事例

3.1　高校魅力化の取り組み事例：島根県立隠岐島前高等学校の場合

　こうした状況の中で発想を逆転し，地域に立地する高等学校の魅力を高めることで地域づくりを促す流れをつくり出す試みが各地でみられるようになった。それらは現在では「高校魅力化」として，地域を舞台とした，高等学校における地域との協働に基づく一連の教育実践を呼ぶようになった。ここではその先駆けとして知られている島根県立隠岐島前高等学校の活動実践について，まず，山内ほか（2015）を参照してそのアウトラインをたどり[3]，次にその取り組み事例についてSDGsの観点から検討してみたい。

隠岐島前高等学校は，島根県海士町に立地している。海士町は隠岐諸島の島前地域を構成する3つの町村（他に西ノ島町，知夫村）の1つであり，これらの町村はそれぞれが1つの島からなり，それぞれに独自性のある歴史と文化を継承してきた。例えばこの地域は縄文時代には集落がつくられ，古代から海上交通の要衝であったといわれているが，歴史時代には遠流の地として，知夫村（知夫里島）には文覚上人，海士町（中ノ島）には後鳥羽上皇，西ノ島町（西ノ島）には後醍醐天皇が配流された。また，西ノ島町は人口が多く漁業が盛んで，海士町は半農半漁，知夫村は自然景観に恵まれているなど，風土が異なり，住民の気質にも違いがみられる。

　高校魅力化に取り組む端緒となったのは，平成の市町村大合併である[4]。全国的な自治体再編の大きなうねりの中で，島前地域では合併協議会を解散し各自治体独立の方向を選択した（2003年）ものの，折からの「三位一体改革」[5]により地方交付税交付金が大幅に削減され，財政上の見通しに暗雲が立ち込める事態となった。こうした中で当時の海士町長であった山内道雄氏の指示で策定されたのが「自立促進プラン」であり，そこでは「高校の存続は地域の存続に直結する」として，高校存続の重要性が盛り込まれていた。

　隠岐島前高等学校は，1955（昭和30）年に地元住民の強い願いを受けて開校し，地元町村や保護者らによって校舎が建設され，住民や教職員，生徒らが共同して運動場や通学路の整備が行われてきたという。まさに「地域の学校」というべき沿革を持つ。当時の高等学校分校は定時制とされていたが，全国で初めての全日制分校となった（1958年）のも，国や県への請願運動によるものだった。当時の島前地域の総人口は1万5千人超，現在の3倍近い人口だったが，高校ができるまでは，1学年150人前後の中学生のうち島を出て高校に進学することができたのは裕福な家庭の7〜8人程度だった。

　こうして悲願の高校開校を果たしたものの，少子高齢化の進展は隠岐島前高校の存続にも影を落とすようになった。高校の存在はUIターンの重要なカギとなっていたが，高校がなくなれば人口流出に拍車がかかることも想定できた。しかし，町村立の小中学校と異なり，県立である高校と地域とのつ

ながりは当時あまりなく，高校の教職員は地域から「宙に浮いた」存在だった。こうした状況に変革をもたらしたのは，訪問授業で島を訪れた，民間企業で人材育成を担当していた岩本悠氏であった。訪問授業のきっかけは，大学生との交流事業だったという。岩本氏は「人間力の育成」を掲げ，進学のみではなく「その先をみて社会で活躍できる，もしくは島に戻って地域を元気にできる人づくり」を目指すために地域資源を活用することを提案した。その考えは容易に地域の人々に浸透したわけではなかった。県の職員である高校の教職員も高校存続の当事者意識は希薄であったため，高校からの動きにも期待できなかった。地域との協働が重要であると考えていた矢先に，当時の田中利徳校長が高校の後援会の存在を示唆し，その名称として「隠岐島前高等学校の魅力化と永遠の発展の会」という案を提示した。高校の取り組みの目的を，存続から「高校魅力化」へ転ずるきっかけであったという。

　さて，そのために具体的にどのような教育実践がなされたのか。おそらく無数の試行錯誤があったことは想像に難くない。その1つは，観光庁が主催する「第1回　高校生観光甲子園」で文部大臣賞を受賞した「ヒトツナギ〜人との出会いから始まる君だけの島前三島物語」の取り組みであった。「観光名所には行かせません」という挑発的なプランは，高校生たちが考えた，島前の魅力である「人」とそのつながりを持ち帰ってもらうというコンセプトを表したものだった。「ヒトツナギ」ツアーの企画と実践は，ホストである高校生たち自身が地域の魅力を見出していく契機となったばかりではなく，地域の人々が学校の行事に深く関わるようになったこと，島前の3町村が高校を通じて協働したことなど，地域をめぐって様々なヒトがつながっていく，高校生たちやおそらく教員が思い描いた以上の広がりを実現したと思われる。その後，「ヒトツナギ」は部活動として継続的な活動となった[6]。

　「ヒトツナギ」のきっかけとなった観光甲子園に参加した背景には，地域の課題解決学習を導入する「地域学」の構想があった。地域学は，島前地域に対する関心を深め，自ら進んで地域社会に貢献しようという意欲と態度を身につけることや，地域社会について幅広い視野で考察すること，人と協働

し，成果を他者に効果的に表現する力を身につけること，島前地域とまちづくりに関する基礎的な知識を身につけることなどを学習目標として，教室内だけでなく地域の方々の講話や現場視察，体験等を行うものである。さらには，課題解決に向けた提案とその実践を含んでいる。

全国から入学者を募る「島留学」では，地元の生徒たちに多様性をもたらすだけでなく，意欲的な地域外生徒との出会いによる刺激が期待される。また地域外から「留学」してくる生徒にとっても，濃密なコミュニティでの生活経験や，地域課題に主体的に取り組む機会を通じて社会参加への意識を高めるなどの教育効果が得られると考えられている。

こうした取り組みの結果，隠岐島前高校はどうなったか（**図表7-6**）。急速に生徒数の増加をみて，特に島前地域内部からの進学者が増加した。これまで高校進学を機会に地域から転出していた若年人口が定住する機会が増大したといえよう。

図表7-6　隠岐島前高校入学者数の推移

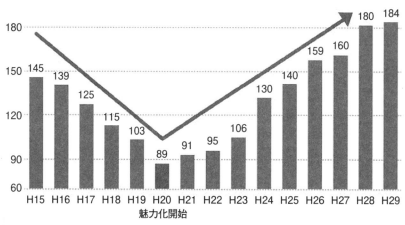

地元中学校から地元の島前高校への進学率が 45%（2007年）から 77%（2015年）
子どもたちの地域外流出が止まる

出所：島前高校魅力化プロジェクトウェブサイト，https://www.dozen.ed.jp/miryokuka/（2020年3月30日最終アクセス）。

3.2　SDGsの観点からみた高校魅力化の意義

　隠岐島前高校以外にも全国でそれぞれの地域に応じた様々な取り組みがみられるようになっている。また，文部科学省では「地域との協働による高等学校教育改革の推進（通知）」（30文科初第483号平成30年 8 月20日）を発令し，「地域の多様な主体と学校が連携・協働し，高校生が地域課題を解決する取組を地域の住民や団体等と共に企画・実施することは，生徒の主体的・対話的で深い学びの実現に大きな意義を持つものであり，地域への愛着や地域の将来を担う当事者としての意識の向上など，地域の持続的な発展にも資することが期待される」としている。また，「経済財政運営と改革の基本方針2018」（平成30年 6 月15日閣議決定）においては，「地域振興の核としての高等学校の機能強化を進める」こと等が重要課題への取り組みとして位置づけられるとともに，「まち・ひと・しごと創生基本方針2018」（平成30年 6 月15日閣議決定）においても，高等学校が，地元市町村・企業等と連携しながら高校生に地域課題の解決等を通じた探究的な学びを提供する取り組みを推進すること等が明記されている。

　こうした政策的動向が生まれるカギとなったのは，先述したように，高校の存続自体を目的とするのではなく，高校の魅力化を図ることで，地域と課題を共有することが可能になったことと関係があるのではないかと考えられる。その根底には，地域の人びとの高校に寄せる熱意や思い，リーダーとしての校長の役割と同時に，いろいろな「よそもの」たちとの関わりあいによって生み出された継起的な変革があったことが読み取れる。そしてそれは，地域を根底から変えることではなく，「地域学」に端的にみられるように，高校生たちとの協働を通じた地元の資源の見つめ直しであるようだ。それを可能にしたのは，地域づくりの方法として，町の「地域づくりは人づくり」という捉え方の中に高校を位置づけたことが契機となっている。そして結果的に高校の存続が図られ，それが地域の存続をさらに促すようにという好転

図表7-7　ふたつの未来予想図

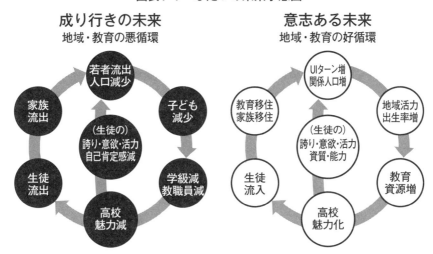

出所：地域・教育魅力化プラットフォーム編（2019）。

軌道への変革をももたらしている。高校をめぐる地域の未来図はまさに反転したかのようである（**図表7-7**）。このことがSDGsの目標に照らして大きな前進を地域にもたらしていることは，もういうまでもないことだろう。

おわりに

　こうした先行事例から，何を学ぶことができるだろうか。それは端的にいえば，「やってみよう」ということだ。面白い地域づくりの取り組みをしている人たちに関心を寄せて，協働のきっかけを見出すことができれば行事に参画してみる。実際に行動に移す実行力とその中で思考することがSDGsでは求められている。しかし，そうした意味でも高校魅力化にみられるような実践的な取り組みを学校で経験することに意味があろう。制度やシステムで固められて動いている大都市の社会に比して，農山村や離島では地域の１人

図表7-8　探究活動の３つのレベル

調べ学習	課題解決提案	実践
・本・ネット	・他地域モデル	・地域のために
・フィールドワーク	・地域にあった解決策	・家族とともに

出所：地域・教育魅力化プラットフォーム編（2019）。

ひとりが果たしている役割がとても大きい。地域の動きに身を置いて協働しつつ考えることで，自身が他の人々と社会を構成しているということについて身をもって理解することができるだろう（**図表7-8**，**図表7-9**）。

図表7-9　提案と実践の壁

提案レベル	実践レベル
当事者意識なし	当事者意識萌芽
無責任なアイデアでOK	自分にできることを探究
アイデアマンどまり	50cm革命の体験
対話内での役割のみ	対話＋行動面での役割体験
学校内外への発信	学校内外との協働
思考力の高い人が活躍	多様な能力の活用

出所：地域・教育魅力化プラットフォーム編（2019）。

　その意味で，大都市で学ぶ大学生たちがさまざまな地域の活動から学ぶことにも意義が認められる（中川, 2019）。明治大学でも，地域の活動に参加する調査研究活動を通じて学ぶ取り組みがみられる（**写真7-1**）。岐阜県の山間部の小地域や伝統工芸品の産地，B級グルメを通じた地域づくりやワイナリー…。地域ではいろいろな試行錯誤が続けられている。こうした若者たちと

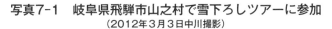

写真7-1　岐阜県飛騨市山之村で雪下ろしツアーに参加
（2012年3月3日中川撮影）

の地域との交流活動を促し，新たな関係性を構築していくことによって編み
出される多様なネットワークが地域社会を強靱にし，ひいてはSDGsが目指
す，社会全体を持続可能にすることに資するのではないだろうか。[7]

注

1）後述する増田寛也らによる地方消滅の議論を受けて，2014年の第二次安倍晋三内
　閣により閣議決定され，まち・ひと・しごと創生本部の下で，まち・ひと・しごと
　創生法（平成二十六年法律第百三十六号）（2014年）に基づいて施行されている一連
　の政策のことである。具体的な政策内容については（内閣官房まち・ひと・しごと
　創生本部事務局ウェブサイト, https://www.chisou.go.jp/sousei/index.html）（2021年
　4月9日最終アクセス）を参照。2015年以降，国の財政支援によって人口対策と地
　域活性化を促す政策が始動した。交付金を得るための自治体の戦略策定は，「強いら
　れた自主性」であり，人口の奪い合いの消耗戦を強いるものとの批判もある（家中
　ほか, 2019）。2019年に第1期が終了し，第2期（2020-2024年）では地域協働の高校
　改革も盛り込まれた。

2）時限立法とは，一時的な事態に対応するため有効期間を限定して法律を定めることをいう。

3）高校魅力化は，当時の町長であった山内道雄氏の様々な施策の1つである。山内氏の地域づくりの考え方と実践については，山内（2007）を参照。

4）総務省による，人口減少・少子高齢化等の社会経済情勢の変化や地方分権の担い手となる基礎自治体にふさわしい行財政基盤の確立を目的として，平成11年以来，全国的に推進されてきた市町村の合併事業。1999（平成11）年時点での全国市町村数は3,229であったが，2010（平成22）年には1,727の市町村に合併された。

5）国税から地方税への税源移譲，補助金の廃止・削減，地方交付税の見直しを一体として改革し，国と地方の財政関係を分権的に改めること。2006年から3年間行われたが，地方交付税の削減は5兆円にも及び，地方分権という視点よりも国の財政再建が優先されたという見方もなされている。

6）島前高校ヒトツナギ部, https://www.dozen.ed.jp/club/hitotsunagi/（2020年3月30日最終アクセス）参照。

7）こうしたSDGsに即した学びについては，佐藤・広石（2020）を参照。

参考文献

家中茂，藤井正，小野達也，山下博樹（2019）『新版　地域政策入門―地域創造の時代に―』ミネルヴァ書房。

大野晃（2008）『限界集落と地域再生』静岡新聞社。

蟹江憲史（2020）『SDGs（持続可能な開発）』中央公論新社, p.76。

刈谷剛彦（1995）『大衆教育社会のゆくえ　学歴主義と平等神話の戦後史』中央公論社。

小松光，ジェルミー・ラプリー（2020）『日本の教育はダメじゃない―国際比較データで問い直す』筑摩書房。

佐藤真久，広石拓司（2020）『SDGs人材からソーシャルプロジェクトの担い手へ―持続可能な世界に向けて好循環を生み出す人のあり方・学び方・働き方』みくに出版。

地域・教育魅力化プラットフォーム編（2019）『地域協働による高校魅力化ガイド　社会に開かれた学校をつくる』岩波書店。

中川秀一（2019）「『関係人口』からみた大学教育における地域フィールドワーク」『経済地理学年報』Vol.65 No.1, pp.1-9。

樋田大二郎，樋田有一朗（2018）『人口減少社会と高校魅力化プロジェクト』明石書店。

増田寛也編著（2014）『地方消滅　東京一極集中が招く人口急減』中央公論社。

松岡亮二（2019）『教育格差―階層・地域・学歴』筑摩書房。

宮﨑雅人（2021）『地域衰退』岩波書店。

文部科学省『学校基本調査』https://www.mext.go.jp/b_menu/toukei/chousa01/
　kihon/1267995.htm（2021年 8 月 2 日最終アクセス）。

山内道雄（2007）『離島発　生き残るための10の戦略』NHK出版。

山内道雄，岩本悠，田中輝美（2015）『未来を変えた島の学校』岩波書店。

第 8 章
SDGsと離島・湖沼の環境問題
—生活のサステナビリティと環境評価—

本章とSDGsとの関わり

　本章では，「離島と湖沼」に焦点を当て，SDGsの目標14「海の豊かさを守ろう」と目標15「陸の豊かさも守ろう」，および目標11「住み続けられるまちづくりを」の課題を考えていくことにする。

1 はじめに

　本章では，日本の「離島と湖沼」に焦点を当て，SDGsの目標14「海の豊かさを守ろう」と目標15「陸の豊かさも守ろう」，および目標11「住み続けられるまちづくりを」の課題を考えていくことにする。

　一見，上記の「離島と湖沼」は無関係のように思えるが，両者は陸地と水域という地理的特性において，ともに一方のマジョリティに囲まれたマイノリティとしての存在という点で共通している。すなわち，周囲をすべて海の水域（マジョリティ）に囲まれた陸地（マイノリティ）が離島で，逆に周囲をすべて陸地（マジョリティ）に囲まれた水域（マイノリティ）が湖沼なのである。そのため，SDGsの問題を論じる際にも，離島でなくそれを取り囲む「海」や，湖沼でなくそれを取り囲む「陸」といったマジョリティに焦点が当てられ，どうしてもマイノリティの立場にある離島や湖沼は忘れ去られがちである。

　しかも，離島におけるSDGsは目標14「海の豊かさを守ろう」なのか目標15「陸の豊かさも守ろう」なのかがわかりにくく，湖沼の場合も目標14「海の豊かさを守ろう」を「水域の豊かさを守ろう」に置き換えて考えれば，「水域の豊かさを守ろう」なのか目標15「陸の豊かさも守ろう」なのかがわかりにくい。そのため，SDGsの議論から離島や湖沼は零れ落ちてしまいやすいのである。

　しかしながら，海の豊かさの影響（恵み）を最も大きく受ける陸は離島であり，陸の豊かさを最も大きく受ける水域は湖沼である。反対にネガティブな見方をすれば，海の環境破壊（例えば，海洋ゴミ問題や海面上昇問題）の影響を最も大きく受ける陸は離島であり，陸の環境破壊を最も大きく受ける水域は湖沼ということになる。そういった意味で，離島や湖沼はそのエリアの主役でない（マイノリティである）がゆえに，海と陸の両方から大きな影

響を受けることになる。

　本章では，こうした考え方に基づき，これまで地域の議論においてどうしても見落とされがちであった離島や湖沼の問題を通じて，SDGsの目標14「海の豊かさを守ろう」や目標15「陸の豊かさも守ろう」のみならず，目標11「住み続けられるまちづくりを」についても検討していくことにする。

2　「島」の概念的多様性と分類

　日本の四大島（本州・北海道・九州・四国）に住む人は，普段自身が「島」で生活していると思ってはいない。しかしながら，よく考えてみると，これらは明らかに島（学術的には，島嶼）であり，我々は島で生活しているのである。それでは，我々が島と考えるのはどのような島なのであろうか？

　たぶん，それは四大島以外の島であろう。日本人が考える「島」は，ほとんどの場合，四大島（本土）とは陸続きでない「離島」を意味するのである。ただし，本土と海上橋や湖上橋で連接された架橋島や，干潮になると砂州が現れ，本土と陸続きになる陸繋島も，（「離島」ではないが）一般に「島」として認識されるため，「島」の概念構造は非常に複雑である。

　一方，日本の国土交通省（2011）は離島振興法により，日本の離島を，「内海・本土近接型離島」「外海・本土近接型離島」「群島型離島」「孤立大型離島」「孤立小型離島」の5つに分類（類型化）し，それぞれの特性に従った財政的・経済的な支援を行っている。このように，「島」の概念構造は非常に複雑であるため，筆者ら（山下・鄭，2016）は，国土交通省による離島の5分類を踏まえ，「島」の様々な性格（多様性）を**図表8-1**のように整理している。

　図表8-1は，「島」の集合に「島嶼」（松島，2015）の集合が含まれ（部分集合），さらにその「島嶼」の集合に「離島」の集合が含まれる（部分集合）という概念的な階層構造を示している。また，**図表8-1**の右上にある四角内は，国土交通省の離島振興法に基づく離島の5分類であり，すべての島（有人島）

が離島振興法の対象となるわけではないことがわかる。本土（四大島）と沖縄島（沖縄島も本土と考える場合もあるため，**図表8-1**には点線が引かれている）や無人離島・人工島が離島振興法の対象外となることは当然であるが，架橋島も基本的に同法の適用外となるため，本土から近距離に位置する離島は，架橋の道を選択すべきか，それとも同法による助成の適用を維持するかで「架橋のジレンマ」（山下，2018a）が生じることになる。

図表8-1　島の概念的多様性フレームワーク

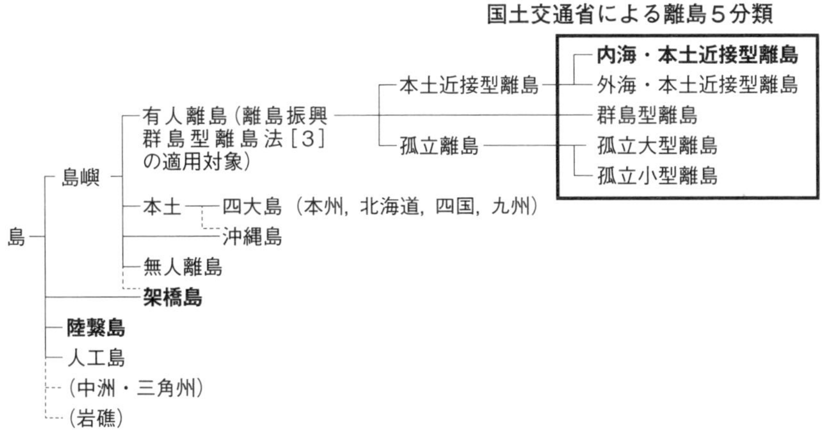

出所：山下・鄭（2016）。

　離島で暮らす多くの住民（島民）にとって，島の「隔離性」からの脱却は長年の夢であり，技術的にも資金（コスト）的にも架橋化が可能であれば，多くの離島が架橋化しようとすることは当然の選択であろう。しかしながら，ついつい架橋化に「前のめり」になってしまい，後になってからいくつかの問題点が予想以上に大きいことに気づくことも少なくない。こうした問題点とは，①離島振興法の助成が適用されなくなること，②陸路が確保されるため，船便が大幅に減ってしまうこと，③島に渡るバスの本数が船便に比較して少ない，あるいはバス自体が橋を渡って島に来ないこと，④船よりもバス

の運賃の方が高い場合が多いことである。その結果として，自身で自動車を運転する人は架橋化によって便利になるが，自動車を運転しない高齢者や高校生以下の若年者にとってはかえって不便になることも多く，筆者（山下，2018a）はこれを「架橋化のジレンマ」と呼んでいる。

3 日本の高人口密度離島における人口集積要因とSDGs

　離島は，本土と陸続きでないので，それぞれの島の特徴が生活に大きく反映される。これにより，その島独特の生活と文化が形成される。その一方で，離島の「隔離性」による生活面でのハンディキャップも大きく，とりわけ離島の急速な高齢化により，医療や介護の面でこうしたハンディキャップがより拡大している。そのため，日本の高人口密度離島は，すべて上記の「隔離性」が小さい「内海・本土近接型離島」となっている。

　現在，日本の離島で人口密度が1位と2位の島は，三河湾に位置する愛知県の日間賀島と篠島であるが，同じ「三河湾三島」でも佐久島は人口密度が大幅に低くなっている。一方で，日間賀島や篠島に次いで人口密度の高い坊勢島（兵庫県）と保戸島（大分県）も，「内海・本土近接型離島」である。それでは，これらの「高人口密度離島」に共通した特性は何なのであろうか？

　上記の高人口密度離島が，すべて「内海・本土近接型離島」であることを踏まえ，その特性として，山下（2017）は次の①と②を指摘している。

①本土への近接性により，本土に渡る際の移動時間が短い
②内海であることにより，波が穏やかで本土への安定した航路と便数を確保しやすい

　上記の①と②の特性を三河湾三島でみてみると，日間賀島と篠島ではこれらの特性が顕著であるのに対して，佐久島ではさほどでもなく，佐久島は「内

海」と「本土近接」の特性があまり活かされていないことがわかる。こうした違いにより，日間賀島と篠島では人口密度が非常に高く，佐久島では人口密度が低くなっていると考えられるのである。

　しかしながら，①と②を満足する離島がすべて「高人口密度離島」となっているわけではないため，山下（2017）はこれらの要因に加えて③の要因が重要であることを指摘している。

　③競争力の高い産業（ここでは，漁業）が存在する

　本章で焦点を当てた日間賀島・篠島や，両島に次いで人口密度の高い坊勢島・保戸島では，③競争力の高い産業は，すべて「漁業」である。このことは，単なる偶然の一致なのであろうか？

　それは，単なる偶然ではなく，必然的な一致であろう。一般に，離島の「隔離性」は，地域の産業振興に対して負の影響（ハンディキャップ）を与える。離島の隔離性が，陸路での交通（往来）を遮断するため，労働力の確保，および資材・部品の調達と製品の出荷の両面で，離島は本土と比較して不利な立場に置かれているのである。

　しかしながら，漁業に対してだけは離島の「隔離性」が，産業振興にとってのハンディキャップではなく，アドバンテージを与えてくれる。なぜなら，海（あるいは湖）によって周囲をすべて隔離されているということは，島の周囲がすべて漁場（水産資源の宝庫）となりうる水域であることを意味するからである。さらに，日間賀島と篠島は名古屋から近いこともあって，海水浴や釣り等の観光業も盛んであり，こうした観光業にも島の「隔離性」がアドバンテージを与えてくれる。すなわち，四方をすべて海に囲まれていることによって，島のほぼどこからでも海の眺望を楽しむことができるというアドバンテージである。

　さらに，上記のような島の隔離性から生じる漁業と観光業のアドバンテージは，互いに相乗効果を生み出すことになる。島の周囲の海で獲れる新鮮な

魚介類をホテルや旅館の食事で振る舞うことにより，島の観光の魅力が増すとともに，島で獲れる魚介類の知名度が向上し，その島特産の魚介類として需要や価値も上昇する。こうした競争力の高い産業（漁業および観光業）があるからこそ，島民は経済的に豊かな生活を送ることができ，それが離島における居住のサステナビリティを生み出すのである。

　ただし，日間賀島と篠島には上記の①〜③の要因以外に，もう１つの人口集積要因が存在する。それは，

　④島に起伏が少なく，なだらかな地形をしている

ことである（山下，2017）。この点が，坊勢島や保戸島との違いであり，日間賀島や篠島の人口密度をより高くした要因ではないかと思われる。坊勢島や保戸島も，①本土に近く，②内海で，③活性化された漁業が展開されているため，人口密度も高いのであるが，日間賀島や篠島に比較して居住に適した平地が少ないことで，日間賀島や篠島よりも少し人口密度が低くなったと考えることができるのである。

　以上の議論からもわかるように，日本における現在の「高人口密度離島」はすべて，「隔離性」という離島のハンディキャップを逆に活かして，漁業（水産業）および観光業の活性化に成功した離島である。ただし，高度成長期までは，日本に日間賀島や篠島よりも遥かに人口密度の高い離島が多く存在していた。それは，世界文化遺産に登録された軍艦島（端島）に代表される炭鉱の島（例えば，長崎県の高島や池島等）である。これらの離島では，人口集積要因③の「競争力の高い産業の存在」が，漁業でなく炭鉱業であったが，現在ではその石炭を掘りつくしてしまったため，島民は島を離れていった。とりわけ，軍艦島ではかつて5,000人を超える人が住んでいたが，現在は「無人島」となってしまった。これは，人口集積要因③が，漁業であるか炭鉱業であるかの違いを端的に示しているが，実は漁業でも，こうした危険性を常に内包している。なぜなら，日間賀島・篠島や，坊勢島・保戸島の

周囲の海で，魚介類の乱獲や水質の悪化により，もし水産資源を獲りつくしてしまったり，海が汚染されてしまったりすることになれば，端島や高島・池島と同じ道をたどることになるからである。

このことからも，漁業と観光業に支えられた現在の高人口密度離島にとって，SDGsの「海の豊かさを守ろう」を実践することで，「陸（離島）の豊かさも守ろう」を達成し，これにより「住み続けられるまち（島）づくりを」推進していくべきことがわかる。これこそが，高人口密度離島のみならず，四方を海に囲まれたすべての離島にとっての責務であると同時に，まさに日本全体として取り組むべきSDGsの課題（目標）なのである。

4　日本における湖沼の水質評価指標と「高COD湖沼」の推移

本章ではここまで，水域（海や湖）が地理的マジョリティという立場において，マイノリティとして位置づけられる離島での生活と産業のサステナビリティについて論じてきたが，以下では，これとは反対に陸（本土）が地理的マジョリティで，マイノリティの位置づけとなる「湖沼」における自然環境のサステナビリティについて論じていくことにする。

日本では，高度成長期に経済優先の政策により，清らかな河川・湖沼や大気が汚染され，いわゆる「四大公害病」が発生した。こうした反省から，自然環境を破壊しないよう配慮した地域開発や企業活動が展開されるようになったが，それでも大都市近郊の湖沼は汚染され，悪臭を発するような湖沼も出現した。とりわけ，千葉県の印旛沼と手賀沼の水質汚濁は著しく，地元自治体が水質改善の取り組みを積極的に実施し，その水質は少しずつ改善されるようになった。

こうした湖沼の水質評価に用いられる最も代表的な指標（基準）は，COD（Chemical Oxygen Demand：化学的酸素要求量）である。CODの数値を公表している環境省（水・大気環境局）では，この指標（COD）以外

にも，全窒素・全燐や，水生生物保全に係る環境基準項目（全亜鉛・ノニルフェノール・LAS等）を設定している。

　しかしながら，日本においてCOD以外の基準（水質基準）はあまり社会に浸透しておらず，CODのみが社会で広く活用されている。そのため，日本における湖沼の水質や環境に関する評価ランキングの多くは，CODの数値のみによるランキングとなっている。このCODは，水中の有機物を，酸化剤（例えば，過マンガン酸カリウム）により酸化する際に消費される酸化剤の量を酸素の量（単位：mg/lあるいはppm）に換算したものであるため，比較的測定が容易であり，この数値が高いほど水質の汚濁負荷が大きいとされる。こうした測定の容易さと，明確な科学的（化学的）根拠が，CODの利用を社会に広める要因となっているものと思われる。

　ここで，環境省水・大気環境局（2018）の調査に基づき，日本で最もCODの数値が高い湖沼（ワーストCOD湖沼）の変遷を，約20年間についてみてみると，1997年度〜2000年度が手賀沼，2001年度〜2006年度が佐鳴湖，2007年度と2011年度〜2017年度が印旛沼，2008年度・2009年度と2017年度・2018年度が伊豆沼，2010年度が長沼となっている。本章で焦点を当てる伊豆沼は，2017年度と2018年度の数値で，再びCODワースト1位に返り咲いてしまった。

　これらの歴代CODワースト湖沼のうち，首都圏に位置する印旛沼や手賀沼では，戦後の急速な都市化に伴い水質が悪化してしまったことは広く知られているが，本章で注目する伊豆沼・長沼や，筆者の先行研究（山下，2018b）で焦点を当てた佐鳴湖は，いずれも豊かな自然環境の中に位置し，ほとんどの人が「汚れた湖沼」とは認識していない「地方」の湖沼である。とりわけ，伊豆沼は多様な野鳥・魚・昆虫や植物を育む豊かな自然環境が形成されており，日本最大の水鳥の生息・飛来地でラムサール条約にも登録されている。そのため，バード・ウォッチングが盛んであり，隣接する内沼を含めて，3ヶ所に「サンクチュアリセンター」が設置されている。

　一方，2018年度のCODワースト10位までのランキングは，**図表8-2**のよう

になっている（環境省水・大気環境局, 2018）。**図表8-2**をみると，現在のワースト10には，やはり歴代ワーストCOD1位の湖沼がすべて含まれている。これにより，一度その水質が悪化すると，それを劇的に改善するのは困難であることがわかる。

図表8-2　湖沼のCODワースト・ランキング2018

順位	湖沼名	COD（mg/l）	都道府県
1	伊豆沼	13.0	宮城
2	印旛沼	12.0	千葉
3	手賀沼	9.2	千葉
4	北浦	8.4	茨城
5	春採湖	8.1	北海道
6	佐鳴湖	8.0	静岡
6	牛久沼	8.0	茨城
8	児島湖	7.9	岡山
9	長沼	7.4	宮城
9	八郎湖	7.4	秋田

出所：環境省 水・大気環境局（2018）。

また，**図表8-2**に，北海道における大自然の象徴的存在となっている釧路湿原に隣接する春採湖が含まれていることも注目すべき点である。春採湖のヒブナは国の天然記念物に指定されており，釧路市民に貴重な「憩いの場」を提供する役割を果たしているため，「汚れた湖」という印象を持っている人はほとんどいない。このことは，春採湖のみならず本章で焦点を当てる伊豆沼や長沼，さらには佐鳴湖でも同様であり，地元住民にとって貴重な水辺の空間（憩いの場）を提供している。

写真8-1　伊豆沼の野鳥

出所：栗原市写真提供。

写真8-2　伊豆沼・内沼はすまつり

出所：栗原市写真提供。

5　日本の高COD湖沼に対する過小評価の可能性と多面的総合評価の必要性

　ここまでの議論から，豊かな自然に囲まれた地方の湖沼にも「高COD湖沼」が存在することが確認される。こうした地方の湖沼は憩いの場を提供するだけでなく，治水や災害防止の面からも地元住民の生活を支えている。また，人間のみならず多様な生物が生息し，渡り鳥の飛来地となっている湖沼も多

い。とりわけ，本章で焦点を当てた伊豆沼と内沼はラムサール条約にも登録され，無数の水鳥（特に，マガンに代表される冬の渡り鳥）を育んでいる（写真8-1を参照）。さらに，春採湖は北海道で最もCOD濃度の高い湖沼であるが，そこに生息するヒブナは国の天然記念物に指定されている。

　環境省が公表するCODの数値は，科学的かつ客観的な水質評価を可能にするものであるが，上記のような伊豆沼・内沼や春採湖の事例を踏まえると，人間の感じる自然の爽快感や癒しといった「見た目」の感覚や，そこに生息する多くの生物にとっての住みやすい環境とは乖離しているのではないかという疑問が生じる。こうした乖離により，本章で焦点を当てるような地方の自然豊かな湖沼は，どうしても「過小評価」されがちであり，これに関して，筆者（山下，2020）は下記のように，正の側面と負の側面の二面性があるとする研究視座を提示している。

　まず，正の側面についてであるが，人間の感覚のみでは気づかないような水質の悪化に対して，CODの数値が警鐘を鳴らす役割を果たすことが挙げられる。これにより，深刻な水質汚濁が生じる前に対策を講じ，環境破壊を未然に防ぐことが可能になる。また，定量的指標による客観的評価であるため，改善目標の数値を設定しやすく，しかもその達成度の確認が容易である。さらに，CODは他の定量的指標（例えば，全窒素・全燐やLAS等）と比較して測定が容易である。このように正の側面を多く持つことが，CODによる評価を社会に浸透させる要因となったものと思われる。

　一方，負の側面については，豊かな自然が現在も残り，多様な生物が生息する湖沼で，かつ地域住民にとって憩いの場となって癒しや安らぎを与えていたとしても，CODの数値が高いことでイメージダウンをもたらしてしまうことが挙げられる。本章で注目した伊豆沼・内沼・長沼は，まさしくこれに相当する。CODの数値が高いことにより，その湖沼への過剰な警戒心を引き起こしてしまうため，せっかくの貴重な水辺の空間が利用されなくなったり，観光客が減少したりといった負の影響が生じてしまうのである。こうした影響は，「風評被害」に似通っており，それによる不利益が生じないよう，

十分な注意が必要である。

　そこで，CODの数値による湖沼の水質や環境の評価に，正の側面と負の側面の「二面性」があることを十分に認識した上で，正の側面については積極的に活用して水質の悪化を早期に発見し，負の側面に関してはCODの数値が「独り歩き」してしまうことのないよう十分な注意を払うことが求められる。さらに，COD以外にも，

①環境省が設定・公表している多くの客観的な水質評価指標（全窒素・全燐・全亜鉛・ノニルフェノール・LAS等）
②人間が感じる水辺の癒しや安らぎからもたらされる「憩いの場」としての機能と価値
③生物（動植物）にとっての住みやすさから生み出される生物の多様性（ダイバーシティ）

を考慮して，多面的・総合的に湖沼を評価することが必要であり，そのための指標の開発が今後の課題であろう。

6 おわりに

　本章では，水域（海がマジョリティ）に囲まれた離島（マイノリティ）における居住・自然環境と，反対に陸地（マジョリティ）に囲まれた湖沼（マイノリティ）における自然環境といった通常の議論からは零れ落ちる傾向のある離島や湖沼（マイノリティ）のサステナビリティについて論じた。これは，地域の議論に対して，マジョリティのみならずマイノリティを組み込むという議論のダイバーシティを高める役割を果たし，SDGsの目標14「海の豊かさを守ろう」と目標15「陸の豊かさも守ろう」のための課題を，離島と湖沼という通常とは逆の側面から整理した。

こうしたサステナビリティとダイバーシティはSDGsの目標と柱であり，本章の議論では，離島と湖沼のサステナビリティとダイバーシティの試論を通じて，SDGsの目標11「住み続けられるまちづくりを」を目指したのである。

参考文献

環境省水・大気環境局（2018）「平成30年度公共用水域水質測定結果」https://www.env.go.jp /press/files/jp/113086.pdf（2021年6月24日最終アクセス）。

国土交通省都市・地域整備局離島振興課（2011）「離島振興計画フォローアップ（最終報告）」http://www.mlit.go.jp/common/000143935.pdf（2021年6月24日最終アクセス）。

松島泰勝編著（2015）『島嶼経済とコモンズ』晃洋書房。

山下洋史，鄭年皓（2016）「日本における高人口密度離島の人口集積要因に関する研究―日間賀島・篠島・坊勢島の事例研究―」『第57回日本経営システム学会全国研究発表大会講演論文集』pp.46-49。

山下洋史（2017）「三河湾三島における人口密度差の地理的要因」『2016年度研究成果報告論文集』（明治大学経営品質科学研究所）pp.37-47。

山下洋史（2018a）「日生諸島における連鎖型本土架橋島とバブル崩壊島に関する研究―鹿久居島・頭島・鴻島の事例研究―」『第60回日本経営システム学会全国研究発表大会講演論文集』pp.96-99。

山下洋史（2018b）「浜松市における佐鳴湖の果たす役割と水質汚濁問題」『日本経営システム学会 2018年度ヒューマン・リソース研究部会発表資料』。

山下洋史（2020）「日本の『非都市型高COD湖沼』に関する研究」『第64回日本経営システム学会講演論文集』pp.122-125。

第 **9** 章

食料問題への対応策
―大豆とフードテックの活用を中心に―

本章とSDGsとの関わり

　本章は，SDGsの目標2「飢餓をゼロに」と目標3「すべての人に健康と福祉を」に関係する。

1 はじめに

　マルサスの『人口論』（1798年）によれば，人口は幾何級数的に増加するが，食料は算術級数的にしか増加しない。ただしこの原理は，人口に対して十分な土地があり，バース・コントロールをしない場合に当てはまる。当時の世界人口は約10億人と少なく，未利用の広大な土地があったので，実態との乖離もあまりなかったのであろう。

　しかし世界は大きく変わった。2021年2月現在，世界人口は78億人を超え，約22万人／日の勢いで算術級数的に増加中だ。この人口増加は主に発展途上国においてみられる。幾何級数的に増えていない理由は，多様なバース・コントロール技術の普及と，人口抑制政策によるものである。食料生産については，1960年代の緑の革命や1990年代後半からの遺伝子組換え作物の導入などの農業技術の進歩により，世界の穀物生産量は2020年現在においても微増傾向にある。ただし，この傾向は2029年までと予測されている。耕作地を増やせないこと，および地球温暖化進行に伴う農業環境の悪化が懸念されているからである。

　このように食料問題の本質は時代の変遷とともに変わっていくので，状況をみて適切に対応していかなければ解決はできない。そこで本章では，現在の食料問題を巨視的に捉えた上で，SDGsの目標2「飢餓をゼロに」，つまり「飢餓を終わらせ，食料安全保障及び栄養改善を実現し，持続可能な農業を促進する」の実現に貢献する，大豆とフードテックを活用する対応策を紹介し，解説を加えることとしたい。

2 SDGsの目標2と目標3

　目標2にある食料安全保障とは，誰もが良質な食料を合理的な価格で入手できるよう責任を持つことで，このために各国・地域では法律などが整備されている[1]。持続可能な農業とは，有用植物の栽培，および有用動物の飼養を，現在のみならず将来の世代の欲求も満足させることが可能な，環境に配慮した農業のことだ。農薬，化学肥料，動物用医薬品，水資源などの使用量を最小限にすることで，実現への道が開かれる。

　目標3「すべての人に健康と福祉を」，つまり「あらゆる年齢のすべての人々の健康的な生活を確保し，福祉を促進する」も食料問題と関連がある。栄養不良（栄養不足と栄養過多）は，健康を脅かすからである。栄養不足は飢餓の他，子どもの場合は発育阻害（低身長，認知能力低下）となり，ミネラルとしての鉄分やビタミンB_{12}の不足は貧血をもたらす。栄養過多は過体重[2]・肥満になり，糖尿病，高血圧，脂質異常症などのリスクを上げてしまう。

　このように食料問題は，穀物の利用（分配を含む）の仕方の問題から，栄養不良の問題が発生し，飢餓，発育阻害の他，健康を損なうリスクを多くの人に背負わせているのである。

3 現在の食料をめぐる様々な問題

　世界全体の食料の状況を概観して把握し，より大きな問題点を確認した上で，栄養面からの配慮をしつつ，効果が期待できる対応策を講じていくことが重要である。

　現在の食料問題は，国・地域で状況が大きく異なっている。食料問題はしばしば「食糧」問題と記され，カロリー（熱量）不足の解決に焦点が当てら

れてきた。その成果もあり，現在の世界全体の穀物生産量（26.6億t／年；2019/2020年度アメリカ農務省）から熱量を計算すると，世界人口を養えるだけは十分にある。その一方で飢餓が発生している国・地域があるのである。「発展途上国は飢餓，先進国は飽食」などともいわれているが，概ねその通りである。

　食料不足はアフリカの多くの国とアジアの一部の国で深刻な状況が続いている。自給的農業の土地生産性と労働生産性が低く，収穫量が少ないのである。畜産は遊牧が主で，肉や乳製品の生産量が絶対的に少ないので，タンパク質などの栄養不足の問題も生じている。

　過体重・肥満の人は先進国に多い傾向がある。最も多い国はアメリカで，原因は食料の過剰供給，特に効率化が進んだ畜産技術により肉が安価に供給されるので，それらを過食してしまうのだ。アメリカは世界一の畜産大国だが，その現場は「動物工場」などと揶揄されて批判されている。糞尿処理や水の大量使用などで環境に大きな負荷をかけ，さらに牛の場合はメタン（CH_4）を含むゲップによる地球温暖化促進の問題までもが指摘されている。牛の本来の餌は草だが，その代わりに穀物を大量に食べさせ，高密度で運動を抑制した状態で飼育されている。これにはアニマル・ウェルフェアの観点から批判がある。牛は消化器系の具合が悪くなり，健康を損なうリスクが上がるからだ。動物用医薬品[3]も大量に使用されており，環境や人体への影響も懸念されている。先進国の畜産はこれらの問題をだいたい抱えており，そもそも多数の動物個体の生命を奪い，食肉を得ること自体を生命倫理的に問題視する人も増えてきている。

　世界における穀物の増産が，今後はあまり期待できないならば，穀物種の選択，そして収穫された穀物の利用について，何らかの工夫をして凌いでいかねばならない。並行して，過体重・肥満の問題が生じた原因もなくしていくべきだろう。

牛肉生産をやめると仮定して試算

　1人が生きていくために必要とする熱量は2200～2700kcal／日である。この幅は性別，年齢，活動量などに起因するものだが，摂取すべき熱量の目安になる。

　FAO（国際連合食糧農業機関）のFAOSTAT（統計データベース）で世界172国・地域の供給熱量のデータ（2015～2017年3カ年平均）をみると，2,200～2,700kcal／日の範囲にあるのは50ヵ国・地域だけである。日本は2,697kcal／日で，先進国で唯一この中に含まれている。供給熱量が2,700kcal／日より多い国は，アメリカ，ドイツ，フランスなどの先進国を含む105ヵ国・地域だが，2,200kcal／日より少ない国は中央アフリカ，マダガスカル，北朝鮮など17ヵ国である。世界全体で人数的にみても，飢餓に苦しむ人（約11％）よりも過体重・肥満の人（約30％）の方が多いのである。

　ところで，畜産に必要な飼料穀物の量は穀物や動物の種類によって異なる。例えば1kgの牛肉，豚肉，鶏肉を生産するのに必要なトウモロコシの量は，それぞれ11kg，7kg，4kgである。すなわち，畜産を抑制し，飼料として使わなくなった穀物を直接食べることにすれば，**図表9-1**に示したように食料が増えることになる。

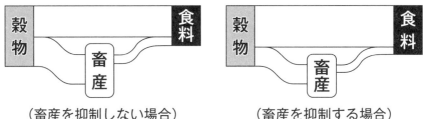

図表9-1　穀物と食料の対応イメージ

（畜産を抑制しない場合）　　　　（畜産を抑制する場合）

注　：穀物と食料の縦（高さ）は熱量を反映させて作図。畜産を抑制して飼料に使う量を減らせば，
　　穀物生産量が同じであっても，食料が増えることになる。
出所：筆者作成。

　そこでアメリカでの畜産における牛肉生産をやめたらどれだけの食料が確保できるのか試算してみよう[4]。計算を単純にするために，飼料はトウモロコシだけを使っていたとみなすこととしよう。FAOSTATによれば世界における牛肉の生産量（2017年）は約663億kg／年で，このうちアメリカの生産量は最も多く約18％の約119億kg／年である。トウモロコシはその11倍の約1,190億kg／年が飼料に使われていると推測できる。次に，この量のトウモロコシの熱量は（トウモロコシの熱量を4,000kcal／1kgとして），1,190億kg×4,000kcal／kg＝4,7600,000億kcalである。これが何人分であるかは，1人が年間で必要な熱量（2,200kcal×365）で除すことで計算できる。すなわち4,7600,000億kcal／（2,200kcal×365）≒5.93億となるので，5.93億人分である。牛肉生産時との差は，この1／11を引いて5.93億−（5.93億×1／11）＝5.39億なので，5.39億人分である。

　このように，あくまでもここで仮定した条件の上での熱量計算からだが，アメリカでの牛肉生産をやめることで，約5.39億人分の食料の捻出が可能だとわかった。これは，2020年から2030年までに増加すると考えられている人口（約5億人）分の食料にほぼ匹敵する量である。

5 嗜好と栄養の問題

　飼料として使われていた穀物の用途を，食料に変えていくことは可能なの
だろうか。実際には乗り越えねばならない問題が多いと考えられる。ここで
はそのうち2つを指摘しておこう。

　まず嗜好の問題である。歴史を紐解けば，人類は260万〜250万年前に肉食
を始め，約200万年前には定着したとされている。肉にはアミノ酸や脂質に
よる独特のおいしさを楽しめる魅力があり，経済力を得れば肉食が増える傾
向が確認されている。日本でも1955年では1人当たり3.2kg／年の肉を食べ
たが，高度成長期（1954〜1973年）が過ぎた1980年では約7倍の22.5kg／年
へと増えた[5]。発展途上国の経済状況がこれから良くなれば，日本の例のよ
うに肉の需要は増えていくと推測される。先進国での肉食の割合を減らして
食べ過ぎを防いでいくことも，同様に容易ではないだろう。

　次に栄養の問題である。肉の過食は，脂質摂取による熱量の摂り過ぎが過
体重・肥満の原因になるから問題なのだ。しかし三大栄養素[6]の中で，肉に
含まれるタンパク質は栄養学的に重要な側面を持っている。体内ではタンパ
ク質から糖質や脂質を合成できるが，糖質や脂質からタンパク質は合成でき
ないという代謝上の性質もある。さらに体内でのタンパク質合成の原料とな
るアミノ酸は，タンパク質を摂ること以外にはほとんど得られない。肉のタ
ンパク質と比べると，穀物のタンパク質は構成アミノ酸に偏りがあるので質
的に劣る。穀物からはビタミンB群（特にB_1やB_{12}など）が摂りにくい問題
もある。肉はタンパク質やビタミンB群以外にも，吸収の良い鉄分（ヘム鉄）
なども含むので，適量を食べるべきなのである。

　これからさらに増加していく食肉需要には，現在の効率化された畜産技術
で食肉供給を続けたとしても，対応できなくなると危惧されている。これは
プロテイン・クライシス（タンパク質危機）と呼ばれている。食料問題の解

決，そしてプロテイン・クライシスを乗り越えるためには，食肉需要を減らして，畜産を抑制していかねばならないが，そのためには嗜好を満たす配慮が不可欠だろう。

「SDGs調理科学」

明治大学商学部では2020年度から特別テーマ実践科目「SDGs調理科学」を開講している。これは「大豆を主要原料とした新しいメニュー」をつくる実習授業で，筆者が担当している。大豆の食料としての活用を促進し，熱量とタンパク質の双方を分け合うために有効で，かつ肉食の嗜好も満たせるメニューを調理する技術の開発が狙いである。以下にその概要を紹介させていただこう。

6.1 優れた食材としての大豆の活用

「大豆は畑の肉」といわれる。良質なタンパク質を多く含んでいるからである[7]。大豆は，機能性成分・イソフラボン[8]も含み，乳がん，前立腺がんの抑制，骨粗鬆症の予防，更年期障害の症状の緩和などの効果がある。血圧を下げる方向に作用し，心臓病にも抑制的に働くとされている。食物繊維も豊富に含むので，大豆を食べると満腹感が持続し，過食を防ぐ効果もある（Kim et al., 2016）。アメリカでの肥満は約3人に1人だが，日本での肥満は30〜40人に1人のみであり，この差は，大豆食を含めた食生活の差によるところが大きい[9]。このように，大豆は食材として優れた側面をいくつも持っているので，さらに活用すべきなのである。

6.2　持続可能な農業につながる大豆の栽培

　マメ科植物は，根に空中窒素（N_2）を固定する根粒菌を共生させているので，窒素系肥料を与える必要がない。それゆえ，他の穀物ではなく大豆を選んで栽培すること自体が，持続可能な農業の促進につながるのである。

6.3　実習授業で新メニューの研究開発

　和食は世界的に注目されているが，欧米人は大豆料理をおいしいと感じていないという。そこで大豆をおいしく食べることができるメニューを新たに生み出せば，世界中で活用されると考え，この授業での研究開発の取り組みが認められたのである。

　2020年度は 4 班に分かれてメニューを作成・調理し，それらは調理した班とは別の班のメンバーにより試食され，官能評価を実施した。この評価成績が良く，しかも筆者の印象に強く残ったのは中国からの留学生班がつくった「豚肉を使わない酢豚」であった。本場中華風のメニューで，豚肉の代わりに豆腐を工夫して調理し，おいしいメニューに仕上がっていた（**写真9-1**）。

写真9-1　「豚肉を使わない酢豚」の開発

注　：左は調理技術を検討している様子。右は完成したメニュー。
出所：筆者撮影（2020年 9 月 9 日）。

7 フードテックとは何か

先進国の畜産を適度に抑制しつつ，良質なタンパク質を分け合うために有効として期待をかけられている技術がある。フードテック（またはアグリテック）といわれている培養肉や植物肉の作製技術である。

7.1 培養肉

培養肉は，筋肉組織から筋衛生細胞（組織幹細胞の一種）を採取し，培養下で筋細胞として増やして食用とするもので，この技術は細胞農業などとも呼ばれる。

培養肉は2013年にオランダのマーストリヒト大学のマーク・ポスト教授によって初めてつくられた。培養した牛の筋細胞を回収してハンバーガーの材料としたのである。

培養肉の利点は，飼料ならびに土地が不要で，水も節約できることである。無菌的に培養されることからクリーンミートとも呼ばれるように，衛生的な肉を生産できる。例えば，牛肉を1kg得るためには約20,000 Lの水が必要だが，培養肉ならば水の消費量は82〜98％も減る[10]。しかも屠畜しないで済む。

しかし生産コストが高いこと（世界初の培養肉バーガー1個の価格は，研究費込みで約3,500万円），塊状の肉をつくることが困難なことなどが課題である。日本では培養細胞を食材にすることは想定されていないので，法整備の必要も出てくるだろう。

ただし培養ステーキ肉の開発は，日本でも産学共同で進んでいる（**図表9-2**）。類似した技術で，培養フォアグラも開発中である[11]。フォアグラのように単価の高い食材を選べば，製造コスト問題のハードルを下げられるので期待されている。

図表9-2　培養ステーキ肉の製造法

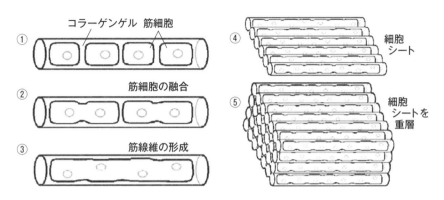

注　：生体外で①〜⑤の培養手順を踏むことで，7cm×7cm×2cmの肉塊にすることを目指して開発
　　　が進められている。
出所：日清食品と東京大学によるプレスリリースを基に筆者作成。

7.2　植物肉

　植物性の高タンパク質食材を植物肉に加工する技術がすでにハンバーグな
どに応用されている。日本国内でもロッテリア，モスバーガー，ドトールな
どの店舗で，植物肉を使ったハンバーガーが提供されている（**写真9-2**）。ス
ーパーなどでは丸大食品，大塚食品，マルコメなどの食品企業によって一般
消費者向け植物肉の商品が販売されている。植物性であることは，マーケテ
ィングの観点から健康志向の消費者への訴求性があるので注目されている。

写真9-2　植物肉を使ったハンバーガー

注　：左はロッテリアの「ソイ野菜バーガー」（税別390円），右はモスバーガーの「ソイモス野菜バー
　　　ガー」（税別334円）。見た目も価格も味も，肉を使ったハンバーガーと変わらない。
出所：筆者撮影（2020年5月29日および6月2日）。

　　原材料には大豆タンパク質の他，小麦グルテンなどが主に使われている。
加工においては歯ごたえを肉に近づけるため，エクストルーダーを用いて，
原料に摩砕，圧縮，混錬，捏和などの操作を加えたあと，120〜190℃の加熱
と加圧によって溶融させてから大気中に押し出して膨化させ，組織化させて
いる（**写真9-3**）。これは，内在性酵素の失活や殺菌もできる点で優れた技術
である。歯ごたえの改善に，油で揚げたり，コンニャクやキノコ類を加えた
りすることもある。

写真9-3　エクストルーダー

注　：食材が組織化されて押し出されてくるようす。
出所：株式会社幸和工業の御好意で提供。

　フードテックの活用で，培養肉や植物肉の味を楽しみながら，畜産の需要を抑えていくことが期待されている。なお，2020年現在，**図表9-3**に示したように培養肉や植物肉を示す様々な用語が使われているが，今後整理されていくだろう。

図表9-3　国内で使用されている培養肉や植物肉を示す主な名称

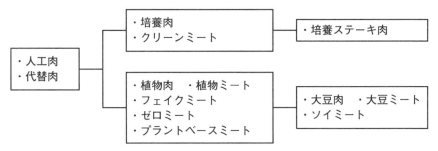

注　：左が上位の概念を示す。
出所：筆者作成。

消費者のパラダイムシフトを 刺激する言葉と考え方

　食品には保守的な考え方を持つ人も多い。フードテックで新しい食品が提供されても，受け容れられなければそれらを活かせない。そこで，植物肉などを食べる意義や考え方を積極的に示す動きがある。

8.1　ゆるベジ

　ベジタリアンには，厳格なビーガンからラクト・ベジタリアン（乳製品は食べる），ラクト・オボ・ベジタリアン（乳製品と卵は食べる），ペスコ・ベジタリアン（魚，卵，乳製品は食べる）など，食材へのこだわりが異なる人

たちがいる。世界全体で肉を食べる量を減らすためには，ラクト・ベジタリアン，ラクト・オボ・ベジタリアン，ペスコ・ベジタリアンの他，プラントベース食品を主に食べる人（フレキシタリアン）を増やすのが効果的で，健康維持の観点からも良いと考えられる。そこで，フレキシタリアンと同じ意味の「ゆるベジ」という言葉がつくられ，積極的に使われるようになってきた。

8.2 新しいガストロノミーからエシカル消費へ

　ガストロノミー（美食学）とは，食事・料理と文化の関係を考察することである。最近，これに環境の視点を加える動きがある。これをエシカル消費につなげられると理想的である。

　エシカル消費とは，環境や社会問題の解決に貢献できる商品を積極的に選んで購入する消費活動のことである。畜産に頼りたくないが肉の味を楽しみたい人は多い。日本では精進料理の「がんもどき」のような食品（肉もどきなどとも呼ばれる）の文化があるが，これからはエシカル消費で，植物肉などを選ぶ雰囲気を醸成していくべきだろう。

9
認証制度と肉の消費量を減らす取り組み

　ベジタリアンの他にも肉食を制限している人たちがいる。例えば，ヒンドゥー教徒は牛を，イスラム教徒は豚を，ユダヤ教徒は四本足の動物を食べない。しかし加工食品の場合，消費者側からは食べられるか否かの判断が困難である。そこでこの問題に対応するための認証制度がつくられてきた。ベジタリアン認証，ビーガン認証，ハラール認証（イスラム教徒向け），コーシャ認証（ユダヤ教徒向け）などである。これらの認証を受けることで，植物肉などの活用が促進され，肉食需要の抑制が期待されている。

　イギリスの大学では月曜日に学食で肉料理を出さないというだけのミート

フリーマンデーを実施し注目されている。日本でもミートフリーフライデーが，内閣府・内閣官房の職員食堂において2017年3月から実施されている。学校給食などでも栄養に配慮しつつ実施することができれば，食育も兼ねられることから，効果的ではないかと考えられる。

10　おわりに

　本章では，SDGsの目標2「飢餓をゼロに」，つまり「飢餓を終わらせ，食料安全保障及び栄養改善を実現し，持続可能な農業を促進する」の達成に貢献する，大豆とフードテックを主に活用していく対応策を紹介して解説を加えた。特に次の①～③が重要であり，穀物の増産はできなくとも，食料の量は増やせる上，タンパク質も確保できること，そして食の嗜好にも配慮している点に特徴がある。

①フードテックその他を活用し，畜産による食肉の需要と生産量を減らしていく。
②穀物のうち大豆の栽培割合を増やしていく。
③大豆の用途を飼料から食用へと変えていく。

　このうち①と③は飢餓を終わらせ，また栄養改善の実現に，②は持続可能な農業の促進に，それぞれ貢献できると考えられる[12]。
　なお本章では触れることができなかったが，食料問題への対応策は他にもある。食品ロスを減らす取り組み，環境への負荷が小さい昆虫食の普及，および非食用魚類の活用などで，これらも併せて推進すべきである。バイオ燃料の原料についても，食料と競合しない植物繊維や廃食油等に変えていく動きを支援していくべきであろう。穀物生産量をさらに増やすためには，アフリカの農業への技術支援と，乾燥や高塩環境などに耐える穀物の新品種開発[13]

などが重要なカギを握っているように思われる。

注

1）日本では食料・農業・農村基本法。

2）肥満ほどではないが標準より体重が重い状態。

3）抗生物質の他，アメリカでは成長促進のために成長ホルモン剤も使用されている。

4）アメリカでは，牛に穀物を主な飼料として与えている。

5）日本における肉の消費量については農林水産省の「食料需給表」による。

6）糖質≒炭水化物，脂質，タンパク質。これらを摂取することで熱量が得られる。

7）「アミノ酸スコア」の値が動物性タンパク質と同様に100（満点）である。

8）イソフラボンは，エストロゲン（女性ホルモンの1種）に類似した機能を持つ。

9）日本人が良く食べる青魚（鯖，秋刀魚，鰯など）には，食欲を抑制する効果のあるヒスチジンが多く含まれている。

10）University of Oxford（2011）.

11）アヒルやガチョウに強制給餌して肥大した肝臓を食用にするフォアグラについては，アメリカの一部の州や市で生産禁止や，店での提供を禁止する動きがある。

12）食料に困っている人たちへ届ける方法については検討の余地がある。フードシステムの見直しと改善も必要であろう。

13）開発方法として，遺伝子組換えやゲノム編集などの遺伝子改変技術に期待がかかる。

参考文献

FAOSTAT, http://www.fao.org/faostat/en/#data/CC（2021年7月13日最終アクセス）.

Kim, S.J., R.J. de Souza, V.L. Choo, V. Ha, A.I. Cozma, L. Chiavaroli, A. Mirrahimi, S.B. Mejia, M. Di Buono, A.M. Bernstein, L.A. Leiter, P.M. Kris-Etherton, V. Vuksan, J. Beyene, C. Wc Kendall, D.J. Jenkins and J.L. Sievenpiper（2016）"Effects of dietary pulse consumption on body weight: a systematic review and meta-analysis of randomized controlled trials," *Am J Clin Nutr*, No.103, pp.1213-1223.

University of Oxford（2011）"Lab-grown meat would 'cut emissions and save energy'" (21 Jun), https://www.ox.ac.uk/news/2011-06-21-lab-grown-meat-would-cut-emissions-and-save-energy（2021年3月15日最終アクセス）.

United States Department of Agriculture, "Production, Supply and Distribution database," https://apps.fas.usda.gov/psdonline/app/index.html#/app/downloads（2021年7月13日最終アクセス）.

井出留美（2021）『食料危機－パンデミック，バッタ，食品ロス』PHP新書。

第 **10** 章
SDGsと環境問題

本章とSDGsとの関わり

　本章では，SDGsと環境問題を扱う。主に関連するゴール
は目標6「安全な水とトイレを世界中に」，目標7「エネル
ギーをみんなにそしてクリーンに」，目標12「つくる責任つ
かう責任」，目標13「気候変動に具体的な対策を」，目標14
「海の豊かさを守ろう」，目標15「陸の豊かさも守ろう」で
ある。

1 はじめに

　最初に，SDGsのSDとは何か，また，SDGsの誕生の時代背景を環境問題の歴史にてらして述べ，SDGsに影響を与え，かつ後押しをする概念である「人新世」（2000年）や「プラネタリー・バウンダリー」（2009年）などを解説する。さらに，SDGsがかくも網羅的な理由であるSDGs策定の経緯や，SDGsの前身のMDGsについて述べ，SDGsへの批判にも触れる。最後にSDGsが多様なものと紐づけできることを示す例として，筆者のモンゴル草原の伝統食の研究がSDGsとどう関連づけられるかを紹介する。

2 SDGs誕生の背景

2.1 SDGsのSDとは何か？

　SDとは，Sustainable Developmentの略で，持続可能な開発（発展）と訳される。「環境と開発に関する世界委員会」（委員長：Gro Harlem Brundtland G.H.ブルントラント・ノルウェー首相（当時））が1987年に公表した報告書Our Common Future（邦題：我ら共通の未来）の中心的な考え方として取り上げた概念が持続可能な開発で，報告書の第2章に次のように定義されている。

・Sustainable development is development that meets the needs of the present without compromising the ability of future generations to meet their own needs. It contains within it two key concepts:

・the concept of 'needs', in particular the essential needs of the world's poor, to which overriding priority should be given; and
・the idea of limitations imposed by the state of technology and social organization on the environment's ability to meet present and future needs.

「持続可能な開発とは，将来世代のニーズを満たす能力を損なうことが無いような形で，現在の世代のニーズも満足させるような開発をさす。持続可能な開発には次の2つの重要な概念が含まれる。ニーズに関しては，特に貧しい人々の基本的なニーズを満たすことが最優先されなければならない。現在世代と将来世代のニーズを満たすために，生態系の潜在能力に技術と社会組織により制限を課すという考え方」。

　持続可能な開発という概念は，環境と開発を相反するものではなく共存しうるものとして捉えている。環境破壊や資源の乱開発は人の健康のみならず経済成長にも悪影響があるし，経済成長は技術革新などを通して環境や生態系の保全にも良い影響をもたらすという考えで，従来の，環境対策は経済成長の抑制につながるという考えとは一線を画す。また，地球の資源や浄化能力の有限性への対応，世代を超えた公正の実現，南北問題への本格的取り組みの必要性が重視されている。
　この概念は以後，国連が提示する環境問題に関する公約のようになっていく。1992年の「国連環境開発会議」（ブラジルのリオで開催された「地球サミット」）で広く知られるようになるが，この時採択された温暖化対策の国際的取り組みである気候変動枠組条約（のちに京都議定書やパリ協定が採択），あるいは生物多様性条約（のちに名古屋議定書が採択）などはこの考えの延長線上にある。2002年には持続可能な開発に関する世界首脳会議，2012年には「国連持続可能な開発会議」（「リオ＋20」）という名称の会議が開かれた。2000年以降は，この概念の延長でより広範なものを含むSustainability（持

続可能性）という言葉も多用され，社会の中で1つの指針のように扱われるようになる。持続可能性を測るための指標も多く生み出された。2015年に国連本部で開かれた「国連持続可能な開発サミット」で，それらの指標が統合され，達成すべき国際的な指針として「我々の世界を変革する：持続可能な開発のための2030アジェンダ」が採択された。ここに示されたのがSDGsである。

2.2 なぜ「持続可能な開発」が世界的課題となったのか？

図表10-1は，あるものが時代とともに急速に増えている様子を示す。横軸は西暦で1750年から現在までを示すが，縦軸は空欄である。図中の曲線は右肩上がりに延び，特に20世紀に入ってからの伸びがめざましい。あるものとは何か，この横軸の空欄には何が入るのだろうか。

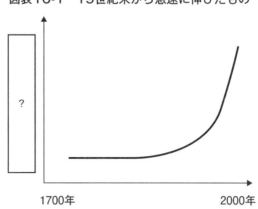

図表10-1　19世紀末から急速に伸びたもの

まずは人口が思い浮かぶかもしれない。地質学の年代で新生代第四期と呼ばれる時期がある。これは，人類が進化を開始した頃から現在までを指し約260万年前に始まったと考えられている。この頃から地球全体で気候が寒冷

化し氷期と間氷期が繰り返すようになり，人類は，進化しながら地球上に拡散していく。人類が農耕を始めたのが約1万年前で，定住化とともに文明が始まる。当時の世界人口は500万人ほどとみられるが，その頃から徐々に増え始め，顕著な人口増加は17世紀から始まる。図表10-1の始まりの1750年当時の人口は7.9億人ほどとみられる（United States Census Bureau）。18世紀の産業革命を経て，20世紀に入ってからは人口は急増し，1927年に20億人だった世界人口は1998年に60億人を突破し，2019年には77億人を超えた（www.Worldmeters.info）。したがって，縦軸には「人口」が入る。

それ以外にも，人口増加や科学技術の進展に伴い，多くのものが20世紀，とりわけ第二次世界大戦後に急増している。**図表10-2**では，左に人間活動の指標の変化が，右に地球環境指標の変化が示されている。若干の時期のずれがあるものの，図表10-1の縦軸には図表10-2に示された要素のほとんどが該当する。図表10-2を示したSteffenら（2011）は1950年を境に地球上ではグレートアクセラレーション（great acceleration）が始まったと指摘する。

図表10-2　過去250年（1750-2000年）における人間活動指標の変化（左）と地球環境指標の変化（右）

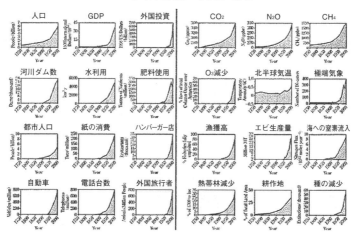

出所：安成（2018）（原図はSteffen, 2011）。

グレートアクセラレーションとは，第二次世界大戦以降の人口増加と経済成長とともに人間活動が飛躍的に増したことを指し，それにより地球環境にかける環境負荷も加速した。地球温暖化の原因と疑われる大気中の二酸化炭素については，過去80万年の推移の中での近年の急増ぶりが目を引く（**図表10-3**）。二酸化炭素の濃度は増減を繰り返してきたが，1950年以前は，破線で示されるレベルより上回ったことはなかった。それが，1950年頃を境に，急激に増加し，2015年12月には400ppmを超えた（気象庁）。

図表10-3　過去約80万年の大気中の二酸化炭素濃度の推移

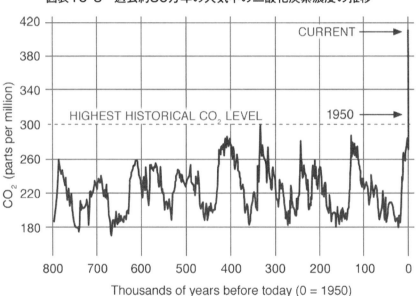

注　：右の０の位置が1950年。左に行くほど，時代をさかのぼる。1950年以前は，現在ほど数値が高くなったことはなかった。
出所：NASA（米国航空宇宙局），https://climate.nasa.gov/system/charts/15_co2_left_061720.gif（2021年７月３日最終アクセス）。

　産業革命以降，特に第二次世界大戦後に，先進国で急速な人口増加と経済成長が起き，それが南北問題や環境破壊につながることが問題視されるようになった。レイチェル・カーソンの『沈黙の春』（1962年）は用途が多様化

していた化学物質の乱用に警鐘を鳴らした。冷戦時代の宇宙開発競争からスピンオフしたともいえる，宇宙からみた地球の画像（1968年）により，地球の有限性が実感されるようにもなった。1960年代は主に先進国で環境意識の高まりの波がみられた時期であり，1972年には世界で初の環境に関する国際会議である国連人間環境会議がストックホルムで開催された。ローマクラブの『成長の限界』（1972年）は右肩上がりの経済成長が続かないことを，当時登場したばかりのコンピューターシミュレーションで提示した。バックミンスター・フラー『宇宙船地球号操縦マニュアル』（1968年），ポール・エリック『人口爆弾』（1974年），などが環境保護運動に大きな影響を与えた。戦後に深刻さを増した公害は，やがて越境する大気汚染問題になり，科学者が早くから予測していたオゾン層の破壊や地球温暖化といった地球規模の問題が観測データの蓄積とともに真実味を持つようになった。1974年に出たフロンによるオゾン層破壊の仮説（Molina and Rowland, 1974）の正しさを支持する観測結果は，1980年代初頭から出始め，1986年には南極上空にオゾンホールが発現することが人工衛星で確認され，人類に衝撃を与えた。1896年に仮説が出された温室効果ガスによる地球温暖化についても，研究者たちは1970年代から懸念を深めていたが，1988年より世界的な関心事となった（米本, 1990）。科学技術の進展が産業革命以降に環境破壊を引き起こし，科学技術によってそれに気づかされたのが，20世紀後半である。

2.3 「人新世(Anthropocene　アントロポセン)」の到来という認識の広まり

　最近広く語られるようになった「人新世」（あるいは人類世）という用語がある。現在私たちがいる最新の地質年代は先出の新生代第四期であり，その中でも更新世と完新世（最終氷期のあとの11,700年前から）があるが，今は完新世が終わり，新しい「世」に突入したという主張が，ポール・クルッツェンとユージン・ストーマーによってIGBPのニュースレターに2000年に出されたが，その時彼らが命名した新しい「世」が「人新世」だった（Cruten and Stoermer, 2000）。これは人間活動が地質や生態系に痕跡を残すほど影響を与えるようになった，ということを指す考え方である。クルッツェンは，1970年に窒素酸化物が触媒となり成層圏のオゾンを急速に破壊することを示し，それがマリオ・モリーナとフランク・シャーウッド・ローランドによる，フロンが成層圏で分解されて放出する塩素によってオゾン層が連鎖的に破壊されるという有名な仮説（Molina and Rowland, 1974）に示唆を与えた。その後，オゾンホールの発見や多くの観測により，この仮説が実証されることになる。この3人の研究者は，オゾン層破壊のメカニズム解明に貢献したことにより，1995年にノーベル化学賞を受賞している。その意味でクルッツェンはまさに，人類による地球環境への影響について熟考してきた人であり，地質学者でなくともその発言には大きな影響力があった。ただし，地質時代の決定には，国際標準模式地（その時代を代表する地層）の設定が必要である。人新世の始まりがいつかはまだ確定されておらず，図表10-2にあるグレートアクセレレーションである1950年頃（1945年に米の核実験開始）か，あるいは，17世紀の産業革命，1万年前の農耕の開始（焼き畑開始）なども候補にある。いずれも地層に痕跡が残る事象が明らかなことが決め手となる。ただし，この概念が地球環境破壊への警鐘として分野を超えて用いられるようになっているため，いずれかの痕跡を元に，決定されるとみられている。「人新世」という考え方は，いくつかの証拠から「今，このような事態が起きているのではないか」という考えが提示されたものに対し，科学者の間で合意形成が試みられている間に，社会に広がりつつある。

　地球環境問題の多くは対象の時空間スケールが大き過ぎて，例えば地球の限界を定量的に知ることは困難である。自然科学系の研究者は不確実なものは不確実なものとして扱い，地球の限界を語るのには慎重な態度を取ってきた。限界に関しては，むしろ分野外で議論が活発で，悲観論者は，地球はもはや限界を超えて破滅に向かっていると説き，楽観論者は，まだまだ大丈夫だと，両者は平行線をたどっていた。しかし，あえて一歩踏み出し，客観的に地球の限界を定量化しようと試みる研究であるプラネタリー・バウンダリーについて，

次に紹介する。

2.4 プラネタリー・バウンダリー

　プラネタリー・バウンダリー（planetary boundary）は地球の限界（あるいは境界）と訳される考え方である（**図表10-4**）。ストックホルム・レジリエンス・センターの前所長ヨハン・ロックストロームらにより2009年に提唱された。人間活動による地球システムへの影響を客観的に評価する方法の1つで，地球の変化に関する各項目について，人間が安全に活動できる範囲内に留まれば人間社会は発展し繁栄できるが，境界を越えることがあれば，人

図表10-4　プラネタリー・バウンダリーの考え方で表現された現在の地球の状況

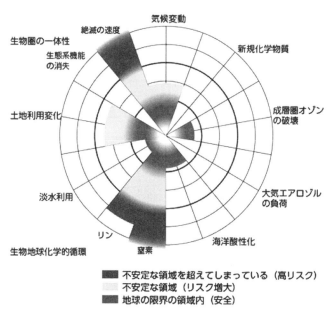

出所：環境省（2017）『平成29年版環境白書・循環型社会白書・生物多様性白書』p.3。

間が依存する自然資源に対して回復不可能な変化が引き起こされるとする。この研究が対象としている9つの環境要素のうち，種の絶滅の速度と窒素・リンの循環については，不確実性の領域を超えて高リスクの領域にあり，また，気候変動と土地利用変化については，リスクが増大する不確実性の領域に達していると分析されている（環境省，2017）。大気中のエアロゾルによる負荷と，新規化学物質による汚染については，まだ評価されていないことでわかるように，地球の限界を調べる研究は容易ではない。

2.5 SDGsのウエディングケーキモデル

前出のヨハン・ロックストロームらは，2016年のEAT ストックホルム・フード・フォーラムの基調講演でSDGsを**図表10-5**のように表現した。これ

図表10-5 SDGsのウエディングケーキ・モデルの模式図

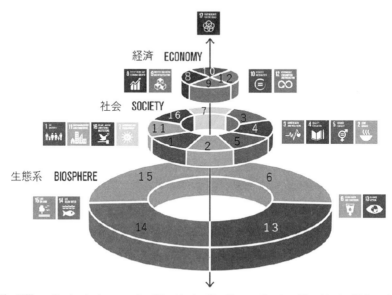

出所：原図credit: Azote Images for Stockholm Resilience Centre, Stockholm University
に筆者加筆。

はウエディングケーキモデルと呼ばれるもので，17のゴールを経済・社会・生態系の３つのレイヤー（および頂点にゴール17のパートナーシップ）にまとめ，下のレイヤーが上を支えるとし，一番下の生態系がすべてのゴールの基盤となっていることを示した。プラネタリー・バウンダリーと併せて考えると，生態系の限界を超えることがあれば，人間が依存する自然資源に対して回復不可能な変化が引き起こされ，上のレイヤーの社会，経済を支えることができなくなることを示す（ストックホルム・レジリエンス・センター）。

　人類が地層や生態系を改変した新しい地質時代が始まっているという「人新世」，地球の生態系の限界の定量的評価を試みたプラネタリー・バウンダリー，生態系の基盤がなくては社会や経済も立ち行かないことを17のゴールをレイヤー化して示したウエディングケーキモデル，はいずれも，人類にとって生態系は何か，生態系にとって人類は何かを問うもので，SDGsを後押しする概念といえる。

3 SDGs誕生の経緯

3.1 なぜこれほど網羅的なのか

　SDGsの17のゴールと169のターゲットを眺めてみると，これらは驚くほど網羅的である。ゴールとターゲットの違いをみると，「ゴール」とは，重要項目ごとの到達先を示した地球規模レベルでの目標を意味する。「ターゲット」とは，地球規模レベルでの目標を踏まえつつ，各国の置かれた状況を念頭に，各国政府が定めるものであり，達成時期や数値を含むなど，より具体的な到達点ないし経過点を意味する（沖ほか,2018）。ゴールだけでなく，ターゲットまでみると，そこで扱われていないトピックがないわけではないが，あえて挙げるのは難しいほどである。その理由については，SDGsの誕生の経緯

にあることを，国連の中での流れを元に述べた沖大幹の文章を引用する（沖ほか，2018：第6章）。

「SDGsに先行する「国連ミレニアム開発目標（Millennium Development Goals; MDGs)」は，2000年に国連で採択された「ミレニアム宣言」に基づき，1990年代の様々な国際目標を束ねる形で構築され，目標年は2015年であった。これに対し，前出の「我々の世界を変革する：持続可能な開発のための2030アジェンダ」は，2012年に開催された「国連持続可能な開発会議（Rio+20)」で採択された成果文書"The Future We Want"の延長線上に構想された。Rio+20では，SDGsは国連の開発アジェンダ（MDGs）と整合する形で統合することとされたが，2013年頃にはまだpost-MDGsがSDGsとは別に議論，準備されていた。開発と環境には国際的にも，また国連組織内でもそれぞれ別の大きな流れがあり，当初のSDGsではエネルギー，気候変動，海洋生態系，陸域生態系などしか視野に入っていなかった。しかし，国連で開発（post MDGs）と環境（SDGs）に関する2つの目標群が乱立するのを避けるため，両者は統合されて現在の開発，社会，経済，環境を広くカバーするSDGsとなっている。（中略）17の目標，169のターゲット，232の技術指標を掲げるSDGsはいかにも複雑である。これは元々別に構想されていた開発，環境の目標群を束ねたからであるし，SDGsに各国連機関，国際機関の使命が書き込まれていないとその組織の存在意義にも関わる，と水や食料，

図表10-6　SDGs誕生の経緯

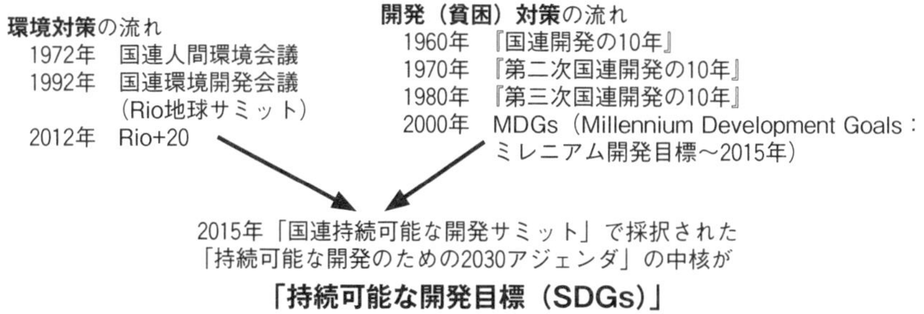

環境対策の流れ
　1972年　国連人間環境会議
　1992年　国連環境開発会議
　　　　　（Rio地球サミット）
　2012年　Rio+20

開発（貧困）対策の流れ
　1960年　『国連開発の10年』
　1970年　『第二次国連開発の10年』
　1980年　『第三次国連開発の10年』
　2000年　MDGs（Millennium Development Goals：
　　　　　ミレニアム開発目標～2015年）

2015年「国連持続可能な開発サミット」で採択された
「持続可能な開発のための2030アジェンダ」の中核が

「持続可能な開発目標（SDGs）」

健康，教育，ジェンダーといった各セクターが懸命に働きかけた成果でもあるだろう。」これをもとにSDGs誕生の経緯を図化したものを**図表10-6**に示す。

3.2 MDGsの成果とNo one will be left behind

　MDGsは2000年に採択された「国連ミレニアム宣言」と，1990年代の主要な開発関連の国際会議で採択された国際開発目標を統合したものである。そこでは，主に発展途上国の開発目標として，①貧困・飢餓，②初等教育，③女性，④乳幼児，⑤妊産婦，⑥疾病，⑦環境，⑧連帯の8の目標が設定された。その成果は，国連ミレニアム開発目標報告 2015　MDGs達成に対する最終評価として公開されている。[1] この報告は世界の発展の状況を把握するために重要な資料である。ポストMDGsとも呼ばれるSDGsを理解するために一読をすすめる。

　MDGsのめざましい成果としては，極度の貧困半減，HIV・マラリア対策が挙げられる。乳幼児や妊産婦の死亡率削減が未達成であるものの，1990年代初頭以降，5歳未満の幼児死亡率改善のペースは世界規模で3倍に加速しているなど，大きな進展があったことがわかる。ただし，地域ごとにみると，特にサブサハラアフリカ等で達成に遅れが目立つ。ここから，誰一人取り残さない，No one will be left behindがSDGsに基本理念として取り込まれた。

3.3 MDGsからSDGsで何かが変わったか

　MDGsからSDGsに移行したことで，途上国での貧困対策から，それに加えて環境問題を含む網羅的な世界の課題解決へと対象が変わった。これは，社会・経済・環境の問題の同時解決も意味する。ゴールの数も，8個から17個へ増えた。基本理念は，「2015年までに世界の貧困を半減する」から，「誰一人取り残さない」，に変わった。アプローチは，トップダウンからボトムアップに変わり，沖ほか（2018）によると，SDGsになったことにより，ボ

トムアップアプローチで，企業の役割が大きくなった。SDGsの策定に
WBCSD（持続可能な開発のための世界経済人会議：World Business Council
for Sustainable Development）が深く関与したこともあり，SDGsはビジネ
スセクターとの親和性が元々良い。各国政府や国際機関，国連機関による取
り組みを前提としていたMDGsとは大きく異なる点である（沖ほか，2018）。

4 SDGsへの批判

　2021年の新書大賞を受賞した『人新世の「資本論」』斎藤幸平著の冒頭，
はじめに，の下に，SDGsは大衆のアヘンである，という見出しがある。該
当部分を以下に引用する。「…政府や企業がSDGsの行動指針をいくつかなぞ
ったところで，気候変動は止められないのだ。SDGsはアリバイづくりのよ
うなものであり，目下の危機から目を背けさせる効果しかない。かつてマル
クスは，資本主義の辛い現実が引き起こす苦悩を和らげる「宗教」を「大衆
のアヘン」だと批判した。SDGsはまさに現代版「大衆のアヘン」である」。
環境対策をてこに，経済成長を続けようという発想では，もはや気候変動を
止めたり，地球環境を守れないので，脱成長を目指すしかない，というのが
主張のようである。筆者の提示する解決策が実現可能かどうかはともかく，
SDGsへの取組みはやり方次第でSDGsウォッシュ（あたかも環境によいこと
を目指しているように装うこと）になってしまう危険があることは，指摘の
通りである。
　1987年に持続可能な開発の概念が出され，社会に広まった時も，同様の批
判があった。つまり，環境保護側も開発側も一見納得できる概念だが，環境
保護に配慮したふりをしながら開発を進める免罪符になったというものであ
る。SDGsはビジネスとの親和性が高いゆえに，この危険性には注意を払い
続ける必要があるだろう。それでも，環境対策の歴史を振り返ると，かつて
これほど広範に環境への取り組みが進んだことはないだろう。MDGsが

SDGsに変わり，対象が途上国から世界全体へ広がったように，温暖化対策では，先進国のみに排出削減義務が課せられていた京都議定書の後続には世界中で取り組むことを決めたパリ協定が登場している。

筆者が画期的だと感じるのは，MDGsをきっかけに経済だけでなく環境・社会に関する様々なデータをモニタリングする地点が増え，結果も次々にインターネット上で公開されていることだ。もちろん数字を鵜呑みしないリテラシーは必要であるが，驚くほど多くのデータを利用することができる。

国連広報センターからは，年次報告書が出版される。

・SDGs報告2020 | 国連広報センター（unic.or.jp）https://www.unic.or.jp/activities/economic_social_development/sustainable_development/2030agenda/sdgs_report/

ダッシュボードという国別の達成状況の報告もある。

・Sustainable Development Report 2020（sdgindex.org）　https://dashboards.sdgindex.org/messages

5 おわりに：どんなものにも紐づけできるSDGs

最後に，自分のモンゴル研究をSDGsと紐づけてみて気づいたことを述べる。研究の概要は次の通りである。かつてユーラシアの遊牧民族に広く飲まれた馬乳酒の伝統的製法は18世紀以降に進んだ定住化とともに消えつつあるが，今も遊牧が基幹産業であるモンゴル国の草原のゲルには例外的に盛んな馬乳酒づくりが残っている。馬乳酒は薬効のみならず微生物の多様性，持続可能性，家畜福祉，地域振興の資源になるなど多くの価値がある発酵食品だが，モンゴル国にも及ぶグローバル化の影響でその製法にも変化が生じており，継承は喫緊の課題である。筆者らはモンゴル国の研究者とともに名産地モゴド郡の馬乳酒の製法を記録・検証し，モゴド郡を拠点に継承を試みている。

写真10-1　モンゴル国のSDGs指定校での天気予報教室の様子（2019年9月2日・3日）

※右下の写真は，SDGsの飾りつけの前での集合写真。
出所：高槻成紀氏撮影
　　　（https://blog.goo.ne.jp/takahome12/e/e64dfc767810ced0cfd3bcc8a2d5ec75）。

　写真10-1は筆者らがモゴド郡の学校で天気予報教室を行った時のものである。SDGs指定校であり，パートナーシップとして私たちの訪問を歓迎してくれた。伝統食の研究には地元の人たちとの交流が不可欠である。

　さて，筆者の研究はSDGsとどう関連するのだろうか。ゴールだけをみていると気づかないのだが，ターゲットに着目すると，予想外のゴールと紐づけでき驚くことがしばしばあった。例えば，以下のものである。

11.4　世界の文化遺産及び自然遺産の保護・保全の努力を強化する。
13.3　気候変動の緩和，適応，影響軽減及び早期警戒に関する教育，啓発，
　　　人的能力及び制度機能を改善する。

15.6　国際合意に基づき，遺伝資源の利用から生ずる利益の公正かつ衡平な
　　　配分を推進するとともに，遺伝資源への適切なアクセスを推進する。

12.8　2030年までに，人々があらゆる場所において，持続可能な開発及び自
　　　然と調和したライフスタイルに関する情報と意識を持つようにする。

3.5　薬物乱用やアルコールの有害な摂取を含む，物質乱用の防止・治療を
　　　強化する。

17.17　さまざまなパートナーシップの経験や資源戦略を基にした，効果的な
　　　公的，官民，市民社会のパートナーシップを奨励・推進する。

12.8　2030年までに，人々があらゆる場所において，持続可能な開発及び自
　　　然と調和したライフスタイルに関する情報と意識を持つようにする。

　169個あるターゲットを漫然と読むのではなく，自分の興味のあるトピッ
クと紐づけをするという目的を持って眺めると，SDGsが自分にとってより
身近なものに感じられるだろう。地球環境を守る，南北問題を解決する，社
会の不公平を是正する，といった，自分ひとりでは何もできないと感じられ
るような大きな課題に取り組むための入り口がここにある。誰もが関われる
ことを目指してつくられた17のゴールに向けたターゲットへの，自分なりの
取り組みを是非実践してみてほしい。

注

1）https://www.unic.or.jp/files/e530aa2b8e54dca3f48fd84004cf8297.pdf

参考文献

Crutzen, P.J. and E.F. Stoermer (2000) "The Anthropocene," *Global Change Newsletter*, No.41, p.17.

Molina, M.J. and F.S. Rowland (1974) "Stratospheric sink for chlorofluorocarbons: chlorine atom-catalysed destruction of ozone," *Nature*, Vol.249 Issue 5460, pp.810-812.

沖大幹, 小野田真二, 黒田かをり, 笹谷秀光, 佐藤真久, 吉田哲郎（2018）『SDGsの基礎』事業構想大学院大学出版部。

環境省（2017）『平成29年版環境白書・循環型社会白書・生物多様性白書』p.3。

ストックホルム・レジリエンス・センター, https://stockholmresilience.org/research/
research-news/2016-06-14-how-food-connects-all-the-sdgs.html

安成哲三（2018）『地球気候学―システムとしての気候の変動・変化・進化―』東京大
学出版会。

米本昌平（1994）『地球環境問題とは何か』岩波新書。

終章

SDGsの達成のために
できること

本章とSDGsとの関わり

　本章では，これまでの章を通じてこれからSDGsの達成に
向けて何ができるかを確認する。

序章の最後で，SDGsは参画型であることから，SDGsを学ぶことは，SDGsの達成に関わる第1歩であり，本書を通じて，自分がSDGsの達成に何ができるかを考えてみようと指摘した。終章では，第1章から第10章までを読み，SDGsの達成のために，自分ができることはどのようなことかを考えてみよう。

　第1章では，SDGsと商学教育と題して，大学がどのようにSDGsに取り組んでいるか，大学生がどのような提案を行っているかを確認した。それに加え，大学と企業がSDGsの取り組みのために，新たな産学連携を行えることが示唆されている。

> ⇒大学生として，大学の学びの中で，また，普段の生活の中で，SDGsの
> 　達成のためにできることは何だろうか。

　第2章では，SDGsからみた信頼される会社について，企業や企業の経営者が果たすべき責任であるCSRの観点から確認した。「信頼される会社」ランキングが公表され，投資家の中には企業のCSRへの取り組みを評価しているところもある。『CSR企業総覧』や『会社四季報』などを利用して，企業を評価することができる。

> ⇒大学生は，どのような時に，SDGsと関連させて企業を評価することが
> 　できるだろうか。

　第3章において，SDGsとパートナーシップとして，経営学の観点から様々な組織がどのようにSDGsと関わっているかを確認した。組織は，SDGsの課題が存在する社会的・制度的・文化的文脈を考慮し，他組織とのパートナーシップにより組織やメンバーの多様な考え方や活動の連関を生じさせ，既存の考え方や活動の枠組みを変化させることができるとしている。

> ⇒大学生がSDGsの達成に協力したいと考えている時，どのような組織と
> 　パートナーシップを組むことができるだろうか。

第4章では，SDGsとESG評価・投資として，SDGsの達成に向けて，個人も組織も，ESGを重視した行動をし，具体的に貢献していくことが可能であることを確認している。一方で，企業や団体がSDGsに言及しているものの実態を伴わない状況を指す「SDGsウォッシュ」という言葉の存在も紹介している。

⇒大学生はESGを重視して，どのような実態の伴う行動をできるだろうか。

第5章においては，SDGsの実現の観点から従業員の健康経営と情報開示を考察している。従業員の健康経営は，従業員の健康維持・増進を図るように経営を行うことであり，その結果，個人の福祉を向上するのみならず，企業の生産性の改善につながり，ひいては国の持続的な経済の成長を高める効果があるために，SDGsの目標達成に貢献できることを確認している。しかしながら，まだ，健康経営に関する情報開示が広く行われているわけではない。

⇒大学生は，健康経営に関する知識をどのような形で活かして実践することができるだろうか。

第6章は，SDGs実現のための業績評価と題して，SDGsの達成に資する適切な管理会計システムを設計するために，どのようにSDGsで掲げられた諸目標等を測定対象へと落とし込めるかについて確認している。組織の目的の達成度とSDGsのグローバル指標の達成度との適合が重要になるとしている。

⇒大学生がゼミナールやサークルなどでSDGsの達成に取り組んでいる時，その組織の目的の達成度とSDGsのグローバル指標の達成度をどのように評価できるだろうか。

第7章では，SDGsと地域づくりとして，地域づくりと教育の観点からSDGsの視点や関連する具体的な取り組みとその課題を確認した。具体的には，地域資源の活用，教育の地域格差などの課題を指摘し，地域に立地する高等

学校の魅力を高めることで地域づくりを促す流れをつくり出す試みを取り上げている。

⇒若者が参加したくなるような面白い地域づくりの取り組みは何だろうか。

　第8章では，日本における離島の生活サステナビリティと湖沼の環境評価問題と題して，地域の議論においてどうしても見落とされがちであった離島や湖沼の問題を取り上げている。水域（海がマジョリティ）に囲まれた離島（マイノリティ）における居住・自然環境と，反対に陸地（マジョリティ）に囲まれた湖沼（マイノリティ）における自然環境のサステナビリティについて論じている。

⇒こうしたマイノリティとマジョリティの見地から，見落としているものはないだろうか。

　第9章は，食料問題への対応策として，大豆とフードテックの活用を中心に考察している。飢餓を終わらせ，食料安全保障および栄養改善を実現し，持続可能な農業を促進するために，畜産に代わって大豆の栽培を増やし，それをフードテックにより肉の代わりにできることを解説している。

⇒大学生には，どの程度，植物肉を使ったハンバーガーが認知され，実際に食べられているだろうか。

　第10章は，SDGsと環境問題と題して，環境と開発を相反するものではなく共存しうるものとして捉えられることを確認している。環境破壊や資源の乱開発は人の健康のみならず経済成長にも悪影響があり，経済成長は，技術革新などにより環境や生態圏の保全にも良い影響をもたらせるのである。

⇒SDGsは，どんなものにも紐づけできるとされているが，若者はどんなものに紐づけたいと思うだろうか。

　SDGsの17の目標は，包括的で多様なものである。したがって，主に総合市場科学としての商学のアプローチから取り上げた本書では，取り上げられていないSDGsの目標もある。それらについて，大学生がどのようにその達成に貢献できるか，まずは，考えてみよう。その上で，達成のために貢献できることをどんなことでも実践してみよう。こんなことをしても…とは考えずに，一歩を踏み出すことがSDGsの達成に貢献するのである。

事項索引

英数字

COD··124, 128
CSR··························22, 37, 68, 166
CSR/ESGレポート·························39
『CSR企業総覧』·····························26
CSV··51
ESD··8, 9
ESG··37
ESG指数··57
ESGスコア····································60
ESG投資····························27, 48, 73
ESG評価··48
GPIF··17
ICT··15
IFRS··26
JICA··17
MDGs·················2, 3, 36, 148, 158, 159
No one will be left behind···············159
ODA··17
Our Common Future·····················148
ROE··28
SDGs··································2, 36, 148
SDGsアクションプラン·····················37
SDGsウォッシュ··········39, 63, 160, 167
SDGsモデル·····································37
Sustainable Development···············148
SUSTAINABLE DEVELOPMENT
　REPORT································102
UNGC··12
UNPRI······································30, 49
UNPRME····································12, 14
WBCSD······································160

あ

アウトプット································88, 90
アグリテック································140
アニマル・ウェルフェア···················134
アブセンティズム····························70
アントレプレナー····························41

伊豆沼······································125, 126
イソフラボン································138
遺伝子組換え作物···························132
イノベーション································40
インパクト投資······························54
インプット································88, 90

ウエディングケーキモデル···········156, 157
『宇宙船地球号操縦マニュアル』···········153

営業キャッシュフロー·······················28
栄養過多······································133
栄養不足······································133
栄養不良······································133
エクストルーダー····························142
エコシステム··································72
エシカル消費································144
エンゲージメント····························57

オープン・イノベーション··················41
隠岐島前高等学校···························107

か

開示スコア····································60
『会社四季報』··································28
外部経済······································63
外部不経済····································63

化学的酸素要求量（COD）………… 124, 128
架橋のジレンマ ……………………… 120
過疎法 ……………………………………… 98
過体重 …………………………………… 133
価値共創 …………………………………… 41
ガバナンス ………………………… 26, 75
管理会計 ………………………………… 82, 84

飢餓 ……………………………………… 133
起業家活動 ………………………………… 41
企業の社会的責任（CSR）……… 22, 37, 68, 166
企業の文化や風土 ………………………… 76
気候変動枠組条約 ………………………… 149
教育格差 ………………………………… 103
業績管理（業績評価）会計 ……………… 84
業績評価 …………………………………… 87
共通価値の創造（CSV）………………… 51
共同決定制度 ……………………………… 31
京都議定書 ……………………………… 149

グレートアクセラレーション ……… 151, 152
グローバル化 ……………………………… 23
グローバル指標（global indicator）……… 83
軍艦島（端島）………………………… 123

経営戦略 …………………………………… 37
経済価値 ………………………………… 69, 71
経済性（economy）……………………… 90
経済同友会 …………………………… 17, 18
限界集落 …………………………………… 98
健康経営 …………………………………… 71
健康経営の可視化 ………………………… 76
健康リスク ………………………………… 69
建設的な対話 ……………………………… 57

高COD湖沼 …………………………… 127
効果性／有効性 …………………………… 91
高校魅力化 ……………………………… 107

高人口密度離島 ……………………… 121
コーシャ認証 …………………………… 144
国際協力機構（JICA）…………………… 17
国際財務報告基準 ………………………… 26
国際連合 …………………………………… 36
国連環境開発会議 ……………………… 149
国連グローバル・コンパクト（UNGC）…… 12
国連責任経営教育原則（UNPRME）…… 12, 14
国連責任投資原則（UNPRI）………… 30, 49
国連人間環境会議 ……………………… 153
国連ミレニアム開発目標（MDGs）… 2, 3, 148, 158, 159
湖沼 ……………………………………… 118
根粒菌 …………………………………… 139

さ

細胞農業 ………………………………… 140
佐久島 …………………………………… 121
サステナビリティレポート ……………… 39
三大栄養素 ……………………………… 137

自己資本利益率（ROE）………………… 28
持続可能性 ……………………………… 150
持続可能な開発（発展）…………… 148-150
持続可能な開発のための教育（ESD）…… 8, 9
持続可能な開発のための世界経済人会議
（WBCSD）…………………………… 160
持続可能な開発報告書 ………………… 102
持続可能な開発目標（SDGs）……… 2, 36, 148
持続可能な農業 ………………………… 133
持続性投資（資産）……………………… 55
篠島 ……………………………………… 121
渋沢栄一 …………………………………… 14
島留学 …………………………………… 110
社会イノベーション ……………………… 40
社会価値 ………………………………… 69, 71
社外監査役 ………………………………… 30
社会の公器 ………………………………… 22

社外取締役 ……………………… 30

順守度 ……………………………… 90

シュンペーター ………………… 40

純利益連結単独倍率 …………… 32

情報通信技術（ICT）…………… 15

消滅可能性都市 ………………… 98

植物肉 …………………… 140, 141

食料安全保障 …………………… 133

『人口爆弾』……………………… 153

人新世 …………… 148, 153, 154

人的資本 ………………………… 68

人的資本情報開示 ……………… 77

人的資本リスク ………………… 68

信頼される会社 ………………… 24

ステークホルダー …… 3, 8, 12, 13, 18, 36

『成長の限界』…………………… 153

正当性 …………………………… 38

制度的環境 ……………………… 38

政府開発援助（ODA）…………… 17

生物多様性条約 ………………… 149

世界経済フォーラム …………… 13

責任投資資産 …………………… 56

組織目的 …………………………88, 93

た

ターゲット ……………………… 82

ダイバーシティ経営 …………… 29

ただ乗り ………………………… 63

ダッシュボード ………………… 161

脱成長 …………………………… 160

達成度 …………………………… 91

タンパク質危機 ………………… 137

地方創生 ………………………… 98

『沈黙の春』……………………… 152

デカップリング ………………… 39

統合的労働者健康 ……………… 74

統合報告書 ……………………… 50

動物工場 ………………………… 134

な

内海・本土近接型離島 ………… 121

長沼 …………………… 125, 126

名古屋議定書 …………………… 149

日本経済団体連合会 ………… 16-18

ネガティブ・スクリーニング …………54

年金積立金管理運用独立行政法人（GPIF）
………………………………… 17

能率／効率 ……………………… 91

は

パートナーシップ ……………… 36

培養肉 …………………………… 140

パフォーマンス・スコア ……… 60

ハラール認証 …………………… 144

パリ協定 ………………… 149, 161

春採湖 …………………………… 126

ビーガン ………………………… 143

ビーガン認証 …………………… 144

日間賀島 ………………………… 121

肥満 ……………………………… 133

評価 ……………………………… 86

フードテック ………… 132, 140, 168

ブラック企業 …………………… 26

プラネタリー・バウンダリー …… 148, 155, 157

フレキシタリアン ……………… 144

プレゼンティズム ……………… 70

プロセス·····························88, 90
プロテイン・クライシス（タンパク質危機）
·····································137

ベジタリアン·····················143
ベジタリアン認証················144
ペスコ・ベジタリアン···········143

ポジティブ・スクリーニング·········54
ホワイト企業·······················33

ま

マイクロファイナンス··············42

ミートフリーフライデー·········145
ミートフリーマンデー············144
三河湾三島·······················121
緑の革命·························132

メタン·····························134

目標·······························82

や

有価証券報告書····················29
ゆるベジ····················143, 144

よそもの·························111
四大島···························119

ら

ラクト・オボ・ベジタリアン·······143
ラクト・ベジタリアン···········143

離島·····························118
離島振興法·······················119

わ

われら共通の未来（Our Common Future）
·····································148

執筆者一覧

序章，第1章，終章　出見世信之（明治大学商学部教授・商学部長）

第2章　山本　昌弘（明治大学商学部教授）

第3章　鈴村美代子（明治大学商学部兼任講師・成蹊大学経営学部助教）

第4章　萩原　統宏（明治大学商学部教授）

第5章　姚　　　俊（明治大学商学部准教授）

第6章　前田　　陽（明治大学商学部教授）

第7章　中川　秀一（明治大学商学部教授）

第8章　山下　洋史（明治大学商学部教授）

第9章　浅賀　宏昭（明治大学商学部教授）

第10章　森永　由紀（明治大学商学部教授）

2021年8月20日　　初版発行　　　　　　略称：商学部グローバル3

明治大学商学部グローバル人材育成シリーズ③

これがSDGs

編　者　Ⓒ 明治大学商学部
発行者　　中　島　治　久

発行所　同 文 舘 出 版 株 式 会 社
東京都千代田区神田神保町1-41　　　〒101-0051
営業(03)3294-1801　　　　　　編集(03)3294-1803
振替 00100-8-42935　　　http://www.dobunkan.co.jp

Printed in Japan 2021　　　　　　　　　製版：一企画
　　　　　　　　　　　　　　　印刷・製本：萩原印刷
ISBN978-4-495-65009-4

明治大学商学部編の書籍

◎明治大学商学部グローバル人材育成シリーズ

① 英語と日本語で学ぶビジネス
の第一歩

A5判・256頁・税込1,650円
（本体1,500円）・2017年 3 月発行

① これが
アクティブラーニング

A5判・182頁・税込1,650円
（本体1,500円）・2018年 3 月発行

◎これが商学部シリーズ

Vol.1 新版これが商学部
A5判・256頁・税込1,650円（本体1,500円）・2010年 3 月発行

Vol.2 社会に飛び出す学生たち―地域・産学連携の文系モデル―
A5判・236頁・税込1,870円（本体1,700円）・2011年 3 月発行

Vol.3 ビジネス研究の最前線
A5判・240頁・税込1,870円（本体1,700円）・2012年 3 月発行

Vol.4 世界の大学の先端的ビジネス教育―海外への多様な扉―
A5判・188頁・税込1,760円（本体1,600円）・2013年 3 月発行

Vol.5 ビジネスと教養―社会との対話を通して考える―
A5判・220頁・税込1,870円（本体1,700円）・2014年 3 月発行

ザ・ファッションビジネス―進化する商品企画、店舗展開、ブランド戦略
四六判・176頁・税込1,650円（本体1,500円）・2015年 8 月発行